4·16구술증언록 단원고 2학년 8반 제2권

그날을 말하다

재욱 엄마 홍영미

4·16구술증언록 단원고 2학년 8반 제2권

그날을 말하다

재욱 엄마 홍영미

4·16기억저장소 기획 편집
(사) 4·16세월호참사가족협의회 지원 협조

한울

일러두기

1. 음절로 식별 가능한 소리를 들리는 대로 전사하는 것을 원칙으로 한다.

2. 의미를 파악하기 위해 추가 설명이 필요할 경우 [ ]로 표시한다.

3. 몸짓, 어조 등 비언어적 행위는 ( )로 표시한다.

4. 구술자가 말을 잇지 못해 말줄임표를 사용하는 경우 ……, …로 길고 짧음을 표시한다.

5. 비공개 영역은 〈비공개〉로 표시한다.

6. 비공개해야 하는 희생자 형제자매의 이름은 ○○, △△ 등의 도형기호로, 생존자의 이름은 A, B, C 등 알파벳 대문자로 표시한다.

7. 비공개해야 하는 제3자는 직분이나 소속, 성만 공개하고, 이름은 ××로 표시한다. 비공개해야 하는 숫자는 자릿수에 상관없이 □로 표시하며, 지명은 □□로 표시한다.

책머리에

4·16기억저장소에서는 세월호 참사 5주기를 맞아 구술증언 수집 사업의 결과물 일부를 100권의 책으로 발간하게 되었습니다. 이 사업은 2015년 6월부터 다양한 학문 분야 구술 연구자들의 자발적인 참여로 진행되어 왔으며, 세월호 참사를 좀 더 정확하고 다각적으로 기록하고 기억하고자 하는 노력의 일환으로 수행되었습니다.

2014년 참사 발생 이후, 참사 피해자들의 목격담과 경험은 안타깝게도 공식적인 국가기관과 언론의 기록 속에서 철저히 소외되거나 왜곡되었습니다. 그것은 세월호 참사가 우리에게 안긴 죽음과 고통의 충격만큼이나 우리 사회의 끔찍한 비극이었습니다. 따라서 사업을 진행하면서 세월호 참사 희생자 가족, 생존자, 생존자 가족, 어민, 잠수사, 활동가, 기자 등등, 참사의 초기 과정을 직접 경험한 분들의 증언을 우선적으로 수집했습니다. 구술자는 이 사업의 취지와 방식에 개인적으로 동의한 분 중에서 선정했으며, 참여 과정에 어떠한 금전적 보상이나 이익이 제공되지 않았습니다. 또한 구술증언 수집 사업을 진행하는 동안, 면담자는 연구자이자 참사를 겪은 공동체 시민으로서 최대한 윤리적이고자 노력했습니다.

구술자마다 매회 약 2시간씩 3회를 원칙으로 음성 녹취와 영상 촬영을 하는 방식으로 진행되었고, 증언의 일관성을 확보하기 위해 면담자는 큰 틀에서 공통 질문지를 사용했습니다. 공통 질문지의 내용은 참사와 구술자 간의 관계성에 따라 차이가 있지만, 유가족 구술의 경우 1회차 '참사 이전의 삶, 팽목항과 진도에서의 경험, 자녀에 대한 기억'을, 2회차 '참사 이후 투쟁과 공동체 활동 경험'을, 3회차 '참사 이후 개인 및 가족이 경험한 삶의 변화와 깨달음, 자녀의 현재적 의미'를 중심으로 했습니다. 이처럼 증언 내용은 참사 이전에서 시작해 참사 발생 당시의 경험과 이후의 변화 과정까지 폭넓게 수집했고, 면담자는 구술 채록 과정에서 구술자의 발화를 최대한 존중하고자 했으며, 무엇보다 각자의 특수한 경험과 다른 시각을 충실히 반영하고자 했습니다.

이 구술증언록의 발간을 위해, 채록된 음성 자료는 문서로 변환해 구술자와 함께 검토했고, 현재 시점에서 공개할 수 있는 영역과 할 수 없는 영역으로 구별했습니다. 따라서 책에 실린 내용은 모두 구술자로부터 공개를 허락받은 부분입니다. 비공개 영역은 추후 구술자의 동의를 받아 적절한 절차를 거쳐 추가로 공개될 수 있으리라 생각합니다.

이 구술증언록 100권에는 그동안 우리 사회에 왜곡되어 알려지거나 잘 알려지지 않았던, 참사 발생 직후 팽목항과 진도 혹은 바다에서의 초기 상황에 관한 중요한 증언이 포함되어 있습니다. 또한, 자녀를 잃는 잔인하고 애통한 상황을 겪으면서도 그 누구보다 강인한 정치적 주체로 성장할 수밖에 없었던 유가족의 마음과 경험을 구체적으로, 그리고 여러 각도에서 살펴볼 수 있습니다. 그 외에도, 이 구술증언록은 2014년을 전후한 한국 사회의 여러 측면을 드러내는 귀중한 자료가 되리라고 생각합니다. 무엇보다 국내외의 많은 분이 이 책을 읽어, 장차 세월호 참사의 진상 규명과 역사 서술에 기여할 수 있기를 바랍니다.

구술증언 수집 사업이 진행되고, 책으로 출간되기까지 많은 분의 도움과 지지가 있었습니다. 이 지면을 빌려 부족하나마 감사의 말씀을 전하고자 합니다.

먼저 (사)4·16세월호참사가족협의회와 4·16기억저장소에 감사를 드립니다. 이분들의 신뢰와 적극적인 협조가 없었다면, 이 사업은 처음부터 시작할 수조차 없었을 것입니다. 또한 어려운 정치 환경 속에서도 사업의 취지에 공감해 재정 지원을 결정해 준 아름다운가게와 역사문제연구소에 감사드립니다. 두 단체 덕분에, 이 사업을 4년 동안 계속해 올 수 있었습니다. 그리고 구술증언록 100권의 발간에 동의하고, 바쁜 일정에도 출판 실무를 기꺼이 맡아주신 한울엠플러스(주)에도 감사를 드립니다. 이 외에도 많은 개인과 단체가 직간접적으로 많은 도움을 주시고 격려해 주셨습니다. 여기에 모두 밝히지 못하는 것을 죄송하게 생각합니다.

말할 필요도 없이, 가장 크고 또 가슴 아픈 감사는 구술자 한 분한 분께 드리고자 합니다. 이 책이 발간될 수 있었던 것은, 무엇보다 용기를 내어 아픔과 고통의 기억을 다시 떠올리고 장시간 진심으로 이야기를 해주신 구술자가 있었기 때문입니다. 오랜 시간 이야기를 나누며 함께 공감하기도 했지만, 그 아픔과 고통을 어떻게 가늠할 수 있을까 싶습니다. 더 큰 도움이 되지 못함을 안타까워하며, 이 구술증언록 100권의 발간이 피해자분들에게 조금이라도 위로가 될 수 있기를 기원합니다.

2019년 4월

4·16기억저장소 구술팀 책임자

서울대학교 인류학과 교수 이현정

차례

■ 1회차 ■

17
1. 시작 인사말

17
2. 재욱이의 어린 시절 및 성향

26
3. 수학여행 준비와 참사 당일

45
4. 참사 직후 현장 상황과 재욱이 수습

52
5. 재욱이 장례 직후 안산과 진도

55
6. 참사 관련 언론 보도 행태 및 사찰

63
7. 참사 직후 대통령과 정치권 행보

69
8. 참사 직후 유가족 회의

73
9. 구술증언 사업 참여 동기

_75_
10. 증언 기록이 어떻게 사용되었으면 좋겠는가

■ 2회차 ■

_85_
1. 시작 인사말

_85_
2. KBS 항의 방문과 기억시 낭송회

_89_
3. 2014년 5월 국회 농성

_90_
4. 2014년 6월 특별법 제정 천만 서명운동 및 안산 활동

_93_
5. 국회 농성과 청운동 주민센터 농성

_103_
6. 2014년 7월 국회 청원 서명지

_110_
7. KBS 항의 도보 행진과 안산~광화문 도보 행진

_116_
8. 안산~팽목항 도보 행진

_121_
9. 안산~광화문 행진과 삭발

_127_
10. 일베의 행동과 세월호 피로감

_130_
11. 2015년 농성 및 시행령 폐기 투쟁

<u>133</u>
12. 2015년 9월부터의 동거차도 활동

<u>140</u>
13. 2015년 10월 교실 존치 교육청 시위

■ 3회차 ■

<u>151</u>
1. 시작 인사말

<u>151</u>
2. 고(故) 백남기 농민 대책위와 세월호 유가족 연대 투쟁

<u>159</u>
3. 2016년 1월 10일 기억과 약속의 길

<u>165</u>
4. 2016년 8월 16일 단원고 교실 이전

<u>175</u>
5. 세월호 유가족 해외 방문

<u>180</u>
6. 생명안전공원 설립 추진 과정

<u>183</u>
7. 4·16 이후 활동 동기, 힘들었던 점, 인생 계획

재욱 엄마 홍영미

구술자 홍영미는 단원고 2학년 8반 고 이재욱의 엄마다. 누나와 남매간인 재욱이는 공부도 놀기도 스스로 잘하는 어른스러운 아이였다. 엄마에게는 4·16가족협의회의 활동이 애도의 시간이고 또 재욱이와의 만남의 시간이다. 오늘도 엄마는 진상 규명과 생명안전공원 건립이 아이들에게 부끄럽지 않은 부모가 되는 방법이자 다시는 이 세상에 그러한 참사가 일어나지 않게 하는 길이라 믿으며 전국의 시민들을 만나러 발걸음을 옮긴다.

홍영미의 구술 면담은 2017년 1월 25일, 2월 3일, 14일, 3회에 걸쳐 총 5시간 10분 동안 진행되었다. 면담자는 김태우, 촬영자는 박은수·김솔이었다.

구술자 본인의 프라이버시나 제3자의 프라이버시를 보호해야 할 부분을 제외하고는 구술자의 발화를 있는 그대로 전사했다.

1회차

2017년 1월 25일

1   시작 인사말

2   재욱이의 어린 시절 및 성향

3   수학여행 준비와 참사 당일

4   참사 직후 현장 상황과 재욱이 수습

5   재욱이 장례 직후 안산과 진도

6   참사 관련 언론 보도 행태 및 사찰

7   참사 직후 대통령과 정치권 행보

8   참사 직후 유가족 회의

9   구술증언 사업 참여 동기

10 증언 기록이 어떻게 사용되었으면 좋겠는가

1
시작 인사말

면담자　　본 구술증언은 4·16 사건에 대한 참여자들의 경험과 기억을 기록으로 남김으로써 이후 진상 규명 및 역사 기술에 기여하고자 합니다. 지금부터 홍영미 씨의 증언을 시작하겠습니다. 오늘은 2017년 1월 25일이며, 장소는 안산시 단원구 온마음센터입니다. 면담자는 김태우이며, 촬영자는 박은수입니다.

2
재욱이의 어린 시절 및 성향

면담자　　오늘 1차 구술을 통해서 재욱 어머니의 그동안의 삶과 4·16 이전의 일상을 회고해 주시고, 4·16 이후 팽목항에서 안산으로 다시 돌아오실 때까지의 일들을 말씀해 주시게 될 겁니다.

재욱 엄마　　네, 많이 희미하긴 한데요. 생각하고 싶지 않으니까 이게 자꾸 이제 희미해지는 거 같은데….

면담자　　먼저 4·16 이전의 일상에 대해서 말씀 나누도록 하겠습니다. 여기 안산으로 이사 오신 건 언제쯤인가요?

재욱 엄마　　2000년도에 왔어요. 제가 [고향이] 창원이거든요, 경남 창원. 제가 시댁도 친가도 다 [창원이에요]. 그래서 아이를 아주 어릴 때, 2000년에 이사를 와서 그때는 이제 간호사, 아냐 아냐 사업을 하고 있어서 사업 때문에 올라왔다가 다시 간호사 생활을 하고, 그리고 아이들 그 교육 사업을 요렇게, 전학하면서, 애들이 크니까…. 유치원 때 올라왔거든요, 애들. 저는 이제 2000년부터 올라와서 한 1년 자리를 잡고, 주말부부를 했죠, 애들을 이제 시골에서 어른들이 키우고 이렇게 했으니까. 그리고 1년쯤 있다가 애들이랑 이제 아빠랑 다 같이 와서 합류를 하고 그다음에 이제 그 직장생활을 아빠랑 같이 하고.

면담자   재욱이 아버님은 창원에 계시다가 올라오신 거군요?

재욱 엄마   예, 한 1년 있다가. 제가 먼저 올라와서 여기 사업할 일이 있어 가지고…. 여기 동생이 있었어요. 같이 이제 좀 도와주다가 인제 이사를 해서 올라온 거죠. 그때까지는 사십, 그니까는 마흔, 40대 잖아요, 초반이니까. 그러니까 그때까지는 시골에 살았죠. 그 전의 일상은 아주 평범한, 저는 간호사였고, 창원에 있을 때는.

면담자   그럼 재욱이가 창원에서 태어난 거네요?

재욱 엄마   예, 창원. ○○랑 재욱이 다 창원에서 태어났어요, 연년생이고.

면담자   ○○가 동생인가요?

재욱 엄마   누나예요, 1살 [위의] 누나. 애들 다 낳고 어른들이 인제 그 근처에 다 계셨기 때문에 애들 다 봐줬죠. 직장 다닌다는 핑계로 애들 맡기고, 그리고 한 번씩 그 근처니까 주말에 왔다 갔다 하고. 애들을 어머니, 어르신들이 키워주셨어요, 어머니가 둘 다 아주 어릴 때 키워줬고. 이제 그건 너무 감사하죠. 그런 거에 대해서는 한창 저희

재욱 엄마 홍영미

때에는, 저희 나이대에는 이제 육아도 하면서 직장도 다니고, 간호사 며느리 괜찮거든요. 어른이 그냥 시골에 있으니까 "내가 키워줄게", 당연히 그냥 키워주시는 걸로 해서 그렇게 했었죠. 그리고 이제 간호사 생활 접고, 안산에 와서 사업을 좀 했어요. 이렇게 그 연관된 사업을 좀 했는데 고것을 한 2년, 3년 정도 하다가 아빠한테 맡기고 저는 인자 다시 직장생활을 했는데….

면담자　　　재욱이 몇 살 때쯤 올라온 건가요?

재욱 엄마　　네, 한 4살 때쯤 왔어요. 근데 유치원을 다녔죠, 둘 다. 그리고 인제 초등학교 들어가면서 이제 저기 신도시 살다가 와동 쪽으로, 지금 학교 쪽으로 이제 다시 [이사를 했죠].

면담자　　　신도시는 어느 쪽을 말씀하시는 건지요?

재욱 엄마　　저쪽, 전철 저쪽으로 늘푸른아파트 있고 저쪽 고잔동 쪽에 살다가, 아 고잔동 아니고 무슨 어디죠? 고잔동인가 그쪽이? 신도시 저쪽, 전철 저쪽 신도시 쪽으로 살다가 학교 때문에 와동 쪽으로 [왔어요]. 그 평범한 시민들이 살기에는 와동 쪽이, 선부동 쪽이 참 괜찮거든요. 그 이제 구도시, 오래 형성된 곳이고, 그담에 이제 상권이 좋고 아이들 학교 다니기 좋고 그래서 이제 이쪽으로 이사를 본의 아니게 오게 됐는데, 그때부터 이제 아이들은 여기가 고향이 된 거죠. 그리고 그 아이들이 거기서 유년 시절을 다 보냈다고 보시면 돼요, 초등학교, 중학교 그리고 이제 고등학교까지.

면담자　　　거기서 계속 한 군데서 사신 겁니까?

재욱 엄마   예. 집만 몇 번, 한 이렇게 이사를 한 두어 번, 그 근처. (면담자 : 같은 와동 안에서?) 예, 예, 학교 근처에. 원래 친구들 잘 이사 안 하잖아요. 저희도 시골에 살아왔기 때문에 어릴 때 친구가 중요하잖아요. 그 아이들 다 두루두루 있었고, 지금 단원고의 그 친구들이 중학교 때 거의 다 알던 친구들이고 같이 놀았죠. 그냥 일상은 딱 평범한, 정말 평범한…. 그리고 저를 봐서 알지만 좀 이렇게, 제가 좀 긍정적이고 자유로워요. 그래서 아이들이 굉장히 좀 편안하게 이 유년 시절을 보낸 거 같아요. 갈등이, 왜 부부 갈등이 있으면 가족 간의 갈등도 막 생기잖아요? 저희는 특별히 그런 갈등도 없었고 진짜 평범한 일상적인 가족[이었어요]. 중산층은 아니에요. 근데 그 행복 하나로 먹고 사는 그런 가정이라고 보시면 됐죠.

면담자   그래서 그때 간호사 일을 계속하고 계셨습니까?

재욱 엄마   그 당시에는 제가 간호사 일을 하다가, 한 5년 정도, 그니까 참사 나기 이전에 한 5년 정도 역사 강의를 했어요, 아이들.

면담자   한 2010년 즈음?

재욱 엄마   2008년부터 했죠. 2008년부터 제가 인제 몸이 안 좋아서 요가 수련을 하다가 그러고 있었어요. 그니까 '아이들 교육은 인성 교육을 시켜야 된다' 그래서 초등학교 때도 제가 학원, 태권도 학원, 무슨 피아노 학원 [같은 곳만 보냈어요], 다른 걸 학습 학원은 안 보내고. 피아노는 인성에 굉장히 도움이 많이 되잖아요, 아주 어릴 때부터, 초등학교. 그리고 저기 체력 다지는 거는 딱 해놓고, 그니까 체력이 국력이고 이게 실력이거든요. 그래서 그런 HSP[Heightened Sensory

Perception, 고등감각인지] 교육[명상, 뇌체조를 중심으로 하는 두뇌개발 교육프로그램의 하나]이라 하는데 이 교육을 아이들에게 시켰어요, 다른 교육을 안 시키고. 그래서 스스로 자기 자신을 계발할 수 있고, 그런, 뇌를 훈련시키는 그런 교육은 둘 다 시켰어요.

근데 인제 누나는 힘들지만, 체력이 좀 약하니까 힘들지만 꼭 그 좀 혜택을 좀 많이 받은 편이고, 재욱이는 워낙 튼튼하다 보니까 한 1년 하고 나서 하여튼 그것도 친구 사이에는 늘 도움이 많이 되더라고요. 그런 뇌 교육을 좀 시켰었어요. 그러고 나선 다른 교육은 하나도 안 시켰는데 지금까지…, 제가 생각하는 모범생, 생각이 자유롭고 사회성이 뛰어난 그런 아이들로 성장하더라구요. 자기 계발은…, 자기가 무슨 장점을 갖고 있다 이런 걸 애들이 알아요.

면담자 　　사교육 같은 걸 안 시키시고요?

재욱 엄마 　　학습 교육은 전혀 안 시켰죠. 그것이 초창기 한 2년 정도, 3년 정도 시켰던 게 굉장한 평생의 이 힘이 되는 거예요. 아이들이 공부를 해나가는 데 있어서 이제 스스로 하는 공부를 하더라고요. 그냥 큰아이 같은 경우에는 인터넷[으로] 공부를 [했어요]. 지가 방과 후 학습[모임]을 다른 거에 모여가지고, 단체로 방과 후에 학습하는 거를 적성에 안 맞다[고 했어요]. 근데 집에 와서 인터넷, 자기 혼자서 하는 공부를 했었고.

재욱이 같은 경우는 친구 사귀기를 워낙 좋아했으니까 자기네들끼리 학습을 만들어요, 모여서. 너는 수학을 잘하고 너는 영어를 잘하고 나는 과학을 잘하니 같이 이런 학습 동아리를 만들어서 이렇게 스스로 공부하는 아이들을 만드는, 그게 이제 독수리 5인방[이에요]. 재욱이 그 이야기 나오는, 그 독수리 5인방 아이들의 모임이었던 거죠. 그래서 좀 독특하게 자기 세계들을 꾸려가는 그런 아이들이 유유상종이라고 그렇게 만났던 것 같아서 그냥 믿었죠. 아이들은 믿어주는 게 최고잖아요. 인성 교육이라는 게 그렇잖아요. 칭찬이 춤추게 만들듯이 그런 식의 인성 교육이 굉장히 주효했던 것 같아요.

그래서 초등학교 때부터 했는데, 이제 중고등학교에 가면 친구들 만나잖아요. 그 아이들이 하는 얘기가 "니네 엄마는…", 이제 이렇게 엄마에 대한 얘기를 죽 하고, 이런 똑같은 상황을 놓고 이야기를 할 때 가족들의 반응이 이래서 어떻다, 어떻다 자기네들끼리 학습을 하면, 저보고는 "[너희] 엄마는 엽기인 거 같은데 넌 너무 행복하겠다" 그런 소리를 많이 들었다라고 [해요]. 아이가 그런 거에 대해서 부모에 대한 신뢰, 자부심을 많이 느꼈던 거 같아요. 제가 그 사회활동, 그 역사 공부 아이들한테 가르쳤다 했잖아요. 방과 후 학습에, 인제 재욱이가 중학교 때 그 학교에 방과 후 학습을 들어갔었어요, 방과 후 학습을, 이제 학습 외에, 학교생활 외에.

면담자　　　강사로 어머니께서.

재욱 엄마　　네, 갔었는데 그런 모습들 보는 거…. 그리고 3·1절, 8·15, 그다음에 10월 3일 개천절, 이런 5대 국경일이 있잖아요. 그 국경일에 행사 같은 걸 저희가 주관하는 그 단체가 있어요. 그 단체에서 활동을 하면서 아이들 데리고 가서 막 자원봉사도 시키고, 태극기 들고 "대한 독립 만세!" 이런 것도 시키고, 막 참여하는 그런 공부를 좀 시켰어요. 애들이 친구들 데리고 와서 봉사 활동하고 하면서 그렇게 활동을 [하는] 엄마 모습을 보면서 이렇게 부모에 대한 그 뭐라 그래야 되나, 존경심이라 하면 좀 그런데요, 뒤에 그 나중에 뒤에 지네들 하는 소리가 그거예요, "그런 모습들이 굉장히 뿌듯했다". 부모들 얘기를 할 때 우리 부모들은 이렇다 이야기를 하면 그런 것들이 이제 저절로 규명을 하는, 그런 것들이 이제 산 교육의 모습들?

그다음에 또 그러다 보니까 방임이라고 해야 되나, 이렇게 공부를 그냥 풀어놓잖아요. 그니까 "네가 필요할 때 언제든지 얘기해, 학원도 필요하면 얘기하고"[라고 했지만] 학원도 필요 없대요. 그리고 2학년, 1학년 2학기 때는 수학이 좀 달리니까 실컷 놀다가 공부를 하는 거예요, 재욱이가. 근데 누나는 지 말로는 둘이 같이 공부를 하면은 쎄가 빠지게 하는데 시험을 치면 [재욱이] 저게 점수가 더 좋은 거야. "그런 점수가 나오는 걸 보면, 실컷 놀고 바짝 공부하는 저기의 뇌가, 엄마, 부럽기도 하고 조금 속상하기도 하고 한데, 공부하는 방식의 차이인 거 같다" 하면서, 그렇게 아이가 이제 자유롭게, 운동하는 애들은 뇌가 반짝반짝하고 활성화가 되잖아요. 그게 공부하는 영역이랑 똑같고…, 저는 알고 있거든요.

그래서 그 아이는 건강하게 그렇게 공부도 했던 거고, 순간 집중력도 강하고 [그랬어요]. 다른 공부 안 하고요, 학교 수업에 굉장히 몰입을 했었어요, 재욱이가. 수업 잘하고 그다음에 그 방과 후 학습 모여, 남아서 하는 거기에 치중을 했어요. 다른 거는 학습을 안 하고, 그러면서 결과가 좋게 나오니까…. 1등, 2등 하는 거 원치도 않고요, 저는 "네가 할 만큼 해라" 그랬는데 그 상위권에서 지네들끼리 그런 결과를 보고…. 역시 아이들은 칭찬해야 되고, 믿어줘야 되고 그런 아주 평범한….

그 지금 부모들, 왜 지금 공부 학습법이 입시 위주의 학습법, 그런 거[를 중시하는] 세대에서, 많이 이렇게 객관화된 사람들이 많이 이렇게 보편화되어 있잖아요. 근데 그런 거에 좀 상반되는 교육을 시켰던 거 같아요. 저는 전인 교육이 우선이라고 항상 그랬거든요. 그런 거를 제가 갈구를 했었나 봐요. 이게 인제 아이들에게 전해진 거고, "대학을 가든 안 가든 전 상관없다" 그랬거든요. "이왕이면 가면 좋겠지만 가든 안 가든 아무 상관없다. 나는 네가 치킨집 배달부가 되더라도 신념 있게, 네가 치킨집 배달부에 대한 신념을 가지고 일을 한다면 엄마 얼마든지 콜!" 이런 식의 그런 제 신념도 그렇고, 아이들도 거기에 대해서 그렇게 부담을 안 가졌던 그런 거였어요.

아빠도 되게 합리적인 보수거든요. 경상도 남자들 굉장히 딱딱하잖아요. 근데 제가 생각해도 합리적인 보수. 아이들 이렇게 저가 해보고 싶은 거 있음 해보라고 툭 던져주고, 아주 객관적으로 봐서 정리를 해주고 원하면 이렇게 시켜주는데…, 재욱이가 뭘 하나에 꽂히면 끝까지 그걸 해내야 하는 성격이었어요. 그니까는 잘 못해, 어설퍼. 근데 계속 노력하고 해서 결국에는 그것을 지가 해내고 따내고 [했어요]. 부모님들한테, "뭐가 필요한데"[라고 했다가] "지금은 필요 없는 거 같다"라고 하면 기다렸다가 그것이 필요할 때 꼭 이야기를 해서 지 거로 만드는 그런 집착이, 그런 강단도 있었고, 그런 게 있었어. 참 엄마, 아빠의 장단점을 다 가지고…, ○○보다는 재욱이가 좀 더 그런 장점을 많이 가지고 있었던 거 같아.

면담자   주말에도 많이 놀고 그랬겠네요, 재욱이가.

재욱 엄마   커서는 친구들하고 이제 많이 갔지만, 그전에는 여행을

24

재욱 엄마 홍영미

많이 다니고 이러진 않았고요. 이제 애들이 크면서 이 '시건[철의 방언] 이 든다' 하나 '철이 든다' 하나, 그러면서 가족들 간의 대화나 그런 게 이제 우리는 사실은 잘하고 있다고 생각을 하는데, 친구들 얘기를 들 어보면 그런 정보들을 많이 듣잖아요. 그럼 스스로들 이렇게 정해요. "여행을 외국에 가자", 뭐, 뭐, 그 "저녁 시간은 언제 언제 꼭 같이 밥 을 먹자" 이런 계획들을 세워서 같이 이렇게…. 가족들의 그 뭐라 그 래요? 그런 자리들을 자기네들끼리 만들어놨어요. 사실은 그런 필요 성에 대해서, 그니까 거기에 대해서 저는 전혀 걸림이 없었다고 저는 생각을 하거든요. 저도 직장생활 하고 아빠도 직장생활 하고 그랬는 데, 제가 비면 아빠가 이렇게 커버를 해줬고.

면담자 두 분 다 직장인이세요?

재욱 엄마 예. 그때 아빠가 좀 더 신뢰 있게 했던 것 같아요, 애들 한테. 엄마는 짜지리꾼처럼 막 이렇게 잘게 잘게 들어가는데 아빠는 굵직하게 이렇게 해결을 했어요, 그런 선들은 잘 지키면서.

면담자 재욱이 아버님께서도 안산에 직장이 있으세요?

재욱 엄마 예, 예. 그때 이제 그 사업하고 지금도 이제 계속하고 있고, 재욱이가 거 데리고 아르바이트한다고 아빠 공장에도 친구들 데리고 몇 번 왔다 갔다 하고, 그런, 그런 것들은 있었어요. 재밌었 어요.

면담자 그 제조업 같은 걸 하시는 데 재욱이가 가서 아르바이 트를 했나요?

재욱 엄마　　예, 저기 자동차 배터리 재생하는 게 있어요. 근데 공장도 하면서 판매도 하고 하는데 이제 공장에 힘쓸 일이 많잖아요(웃음). 그러니까 친구들 데리고 가서 아르바이트, 주말에 가서 한 번씩 시키고, 그 좋잖아요, 가서 실컷 일하고 삼겹살 파티 하고, 그런 일상들이 참 행복했었던 거 같아요.

3
수학여행 준비와 참사 당일

면담자　　그러면은 4월 16일 전후에 수학여행 준비하고 그런 일들 좀 말씀해 주세요.

재욱 엄마　　그때가 이제 2학년, 그러니까 고등학교 1학년이 되면 친구가 우선이잖아요. 그러니까 이제 친구들을 굉장히 많이 이렇게 좋아했어요. 그래서 왜, 그런 거 있잖아, "품 안의 자식이라고, 친구들 좋아하면 그때부터는 내놔야 된다". 그리고 또 어떻게 하나, 왜냐하면 엇나가지만 않으면 되잖아요, 담배를 하는지 나쁜 친구를 사귀는지 공부는 제대로 하는지 그 신경을 쓰잖아요. 근데 그런 건 굉장히 정리를 잘하고 [했어요]. 누나가 얘기해요. 그래서 그 다섯 친구들의 형제자매를 보면 다 남동생이고 동생들인데, 누나가 유일하게 재욱이가 누나가 있는 거예요.

면담자　　누나도 단원고 다녔습니까?

재욱 엄마　　네, 3학년. 그 후배들이, 그 학생회 후배들 그런 애들이

26

다 한꺼번에 가서 누나도 트라우마가 굉장히 심했을 텐데 잘 견디더라고요. 저는 이제 그 뇌 교육 덕분이라고 생각을 하거든요. 그 당시에는 이제 1학년 때 한창 친구 좋아하고 친구 얘기 많이 하고 그래서 내가 지네들끼리 모여서 학습도 하고 그니까 신뢰가 생기는 거죠.

그래서 일요일 날 나가고 해도 어딜 가나 보면 친구들이랑 자전거 하이킹을 간다든지 화랑유원지에 모여서 운동을 한다든지 모여서 학습을 한다든지 그런 모임들이었고, 그다음에 평일 날 저녁에 그 학습 때매 늦게 오잖아요. 그러다가 이제 친구 집에, 그니까 그 중간중간에 이렇게 저는 직장을 다니니까 저녁에 한 8시쯤에 들어오면 애들이 학교를 4시나 5시쯤에 마치고 저녁을 먹고, 아니면은 학교에서 저녁을 먹고 수업을 들어가고 하는데, 그 근처 근처 살았기 때문에 집집마다 털면서 오늘은 이 집에서 밥 먹고 학교 가고, 이 집에서 밥 먹고 학교 [가고], 지네들끼리 그런 공동체가 있어서 그런 걸 굉장히 즐기면서 했었고…, 이제 학교에서 밥 먹을 때도 있었고.

학원을 가는 애들이 이제 다섯 놈들 중에 별로 없었어요. 있긴 있었는데 그렇게 안 가고 같이 학습하는 그 친구들끼리 끈끈하게 이렇게 공부를 했던 것 같고…. 그 부분에 있어서는 저는 약간 아들 선호 사상이 있나 봐요. 재욱이가 굉장히 믿음직스러웠거든요. 동생은 원래 내리사랑이라고, 이제 엄마가 이제 누나하고 남동생이니까 철딱서니가 없게 보잖아요. 살짝 철이 없긴 했는데, 이 애가 중학교 때까지는 그냥 아주 그냥 시골에서 개구쟁이 소년 같은 느낌이 있는 애예요, 재욱이가. 그래서 여자 친구가, 누가 이렇게 지네들끼리 여자 친구가 누가 마음에 있다라고 이야길 하면 그걸 이제 쑥스러워서 숨기곤 하는, "뭘" 이러면서 "별로 관심 없어" 이런, 이런 왜 반응들을 보이는 딱 그 시기였거든요.

그래서 "넌 여자 친구 없냐?" 그러면은 친구 얘기를 해주는 거죠. "친구는 여자 친구가 있어 이런 고민을 한다" 그러면 "니가 고민을 해야지, 왜 친구 고민 상담을 해주냐? 여자 친구가 있어야 이 호르몬도 더 이렇게 해서 공부도 잘되고 인생이 더 즐겁다", 이제 그런 얘기를 해주고 하여튼 그랬었어요. 누나가 멘토예요, 모범생이라 그랬잖아요.

면담자   친했나 봐요, 누나랑?

재욱 엄마   아주 어릴 때부터 둘이 손잡고 같이 유치원 다니고, 같은 유치원에 같은 초등학교에 중학교는 이제 나눠서 갔지만 같은 고등학교, 요렇게 하면서 누나가 멘토 역할을 되게 많이 해줬어요. 고민이 있으면 누나한테도 많이 물어보고, 그 고등학생쯤 되면 사실 잘 안 물어보잖아요? 그 누나가 2학년, 재욱이가 고등학교 가면서부터는 이렇게 친구들이 많이 생기니까 친구들이랑 이야기를 많이 한 거 같은데 그 전까지는 누나가 이렇게…. 또 직장 다니잖아요 부모가, 그래서 [부모가] 없는 시간에는 지네들끼리 그 시간들을 다 이렇게 쌓아갔던 애들…. 지금도 이야기를 들어보면, 지금 가물가물하지만, 지금도 이야기를 들어보면은 매 요소요소마다 재욱이가 있는 거죠. 그래서 누나도 굉장히 많이 힘들 거예요, 힘들고 아쉽고 괴로울 텐데 누나도 잘 견디고 있고.

면담자   지금 대학교에 다니고 있습니까?

재욱 엄마   대학교 2학년이에요. 형제애는 참 돈독했어요. 오누이가 돈독했다, 그리고 많이 싸우기도 하기도 했대요. 근데 말다툼을 한 거지 싸우는 건 아니잖아요. 근데 서로 이렇게 의견 조율하고 그런 것들은 참 잘했던 거 같아요. 그런 상태였고, 그 저는 가장 행복했던 순간이 야간 자율 학습 마치고 오는 시간이 한 10시나 10시 반쯤 되거든요. 근데 자전거를 늘 타고 다니잖아요. 그 자전거를 타고 재욱이가 오고 누나가 이제 걸어오고 해서 그 우르르 몰려나오잖아요, 학교에서. 그 집까지 오는데 한 10분 정도 걸려요.

면담자   같은 학교니까 같이….

재욱 엄마   네. 저녁에 인제 교복을 입고 인제 제가 마치는 시간쯤 돼서 그 집 앞에 버스 길에 이렇게 내리면 어떡하다가 둘이 같이 만날 때가 있어요. 내가 버스를 타고 오는데 얘네들이 오고 있는 게 있어. 그럼 내가 먼저 와서 기다리고, 이전에서 걔네들이 오는 것을 맞이하고.

면담자   남매가 같이 오고.

재욱 엄마   예, 예, 같이 오니까. 둘이서 막 뭐라 뭐라 그러면서 와요. 그 모습이 너무 예쁜 거 있죠. 그때가 제일 행복했던 거 같아. 그것도 이제 막 벚꽃 피고 막 그럴 때에는 밝거든요. 가로등이 있으면은 굉장히 예쁘거든요, 그 풍경이. '그 풍경이 제일 참 행복했다', 한 두 번 정도 제가 그런 느낌을 받았던 거 같아요. 그 아이들이 그렇게 성장하는 걸 보면서 그 아이들에 대한 신뢰? 그리고 가족에 대한 애틋함, 그런 것들이 그 당시의 모습이었고.

그다음에 수학여행은 저가 갈 것인가 말 것인가 고민을 하더라고.

수학여행은 당연히 가야죠. 중학교 때 얘네들이 조류독감인가 그것 때문에 수학여행 못 갔어요. 조류독감인가? 중학교 때 수학여행이 무산됐었어요, 누나가 그때 막 걸려가지고 누나는 학교도 안 가고 그랬는데 재욱이는 튼튼하고 그랬었는데…. 그 수학여행은 저희가 로망이 있잖아요. 그 저는 수학여행을 갔으니까 '저희 친구들하고 추억을 쌓는 그런 건 수학여행만 한 게 없다, 당연히 가야 된다', 이렇게 생각을 하고 그랬는데 그때가 기말, 중간고산가가 걸려 있어 가지고, 일주일 전인가 이주일 전인가 그래서 가야 돼, 말아야 돼 고민하는 친구들도 있다고 그래서.

또, "따로 또 여행을 가려는 친구들, 수학여행 안 가고 지네들끼리 갈려고 계획하고 있는 친구들도 있다"[라고 그러더라구요]. 그런데 저는 일언지하에 "무슨 소리 하냐. 친구들하고 모일 학교 수학여행을 가야 된다, 그게 맞다" 그랬고. "결정이 안 됐다" 그랬는데 제가 "간다" 이래서 사인을 해주고 적극 다녀오라고 했죠. 그래, 그랬었어[서] 갔어요.

그리고 수학여행 가기 전까지도 제가 바쁘니까, 아니 내일 수학여행을 가는데도 오늘 키미테[멀미 예방제]를 준비를 못 한 거죠, 이 엄마가. 이런저런 준비를 막 해줘야 되잖아요. 그니까 뭐, 그리고 인제 살림이 살림인지라 수학여행 갈 며칠 전부터 준비를 해야 되는데 급하게 준비를 했어요. 여행은 또 제가 보따리를 많이 싸고 많이 왔다 갔다 해봤기 때문에 그렇게 어렵지 않았고, 또 누나가 그전에 갔다 왔고, 1년 전에.

면담자   제주도 갔다 왔습니까, 똑같이?

재욱 엄마　　　예, 오하마나호를 타고 갔다 온 거죠, 근데 세월호로 바꿨으니까 문제가 되는 거고. 누나가 똑같이 갔다 왔기 때문에 그 추억이 있잖아요, 그래서 그런 얘기들을 얘기하고.

면담자　　　그 전에 배 이름이 뭐라고요?

재욱 엄마　　　오하마나. 그 배가 쌍둥이 밴데 일본에서 이렇게 같이 온, 똑같이 수입된 똑같이 생긴 밴데, 그게 세월호 사건으로 작년에 중국으로 팔아넘겼죠. 왜냐하면 그 세월호를 올려야 되고, 제가 조사를 한다 하니까, 이제 의심을 사자면 '그거 증거인멸을 위해서 팔아넘겼다' 그렇게 생각할 수밖에 없었고…. 저희가 답사를 갔었거든요 오하마나호를, 한국에 있을 때 [중국으로] 넘어가기 전에. 갔더니 '아 이런 걸 타고 애들을 이렇게 진짜 무슨 궤짝 쌓듯이 애들을 여기다가 몰아넣어서 이 여행을 갔었나' [싶더라고요]. 이 배가 그렇게 생각보다 넓지가 않거든요. 들어갔더니 객실이 그렇게 크지도 않고 그렇더라고요.

　　　그래서 참 내가 부모로서, 그 여행 가고 할 그런 거 왜 있잖아요, 다 합숙[답사] 가고 하잖아요, 부모들이. 그런 거에 있어서 그냥 던져놓고 맡겨놓고 있었던 그런 것들이 굉장히 후회가 되더라…. 내가 주체로서 그런 거에, 부모들 참여하고 하는 그런 거에 별로 안 했거든요. '학부모 회의라든지 이런 건 그렇게 치맛바람, 관심 있는 엄마들, 활동하는 엄마들의 몫이다' 이래 던져놓고, '나는 그냥 내 할 일 하는 사람', 이랬던 것들이 후회가 되더라고요.

면담자　　　그때 교통수단 같은 것도 물어본 적이 있으세요?

재욱 엄마　　　예, 있었어요. 설문조사 했었어요. 글고 배 타고 가서 비행기 타고 오는 것 이런 것도 있었고, "비행기 타고 갔다가 비행기 타고 와라", 저는 거기에 사인을 한 거 같아요. "굳이 배 타고 가야 되냐, 왜냐면 멀미한다" 그러고, 키미테 붙여야 되고, 그리고 하루 밤새 가고…. 근데 단지 단순히 불꽃놀이, 애들 그런 것들 때문에 그게 좋다고 생각한 것 같은데, 저는 '비행기 타고 왔다 갔다 하는 게 훨씬 더 저기 뭐야 수학여행의 묘미도 있고 시간도 단축되고', 그렇게 생각을 했죠. 저는 비행기에다가 사인을 한 거 같아요. 그래서 갔어요, 수학여행을. 그리고 그거 다 준비를 못 해줬기 때문에 재욱이가 사각팬티가 없다고 해서 삼각을 입고, 그 그런가 봐. 그래서 "왜 삼각팬티가 불편하니?" 그랬더니 답답하대요. 바람이 통하는 사각팬티가 필요하다[고 하는데] 근데 한 개밖에 없었나 그랬어요, 한 세 개는 있어야 되는데. "그럼 엄마가 아침에 사다 줄게"[라고 말했죠].

면담자　　　예, 수학여행 가면 옷 갈아입고 해야 되니까요.

재욱 엄마　　　사실은 세탁을 안 해가지고 없었어요, 팬티가 막 많이 있었는데. "그럼 엄마가 아침에 사다 줄게" 해서, 오후에 간다니까, 인제 학교를 아침에 보내고, 저는 고 앞에 홈플러스에서 팬티도 사고 [했어요]. 키미테가 붙이는 게 없는 거예요. 그래서 그 약국 그 약사님 잘 아는데, 약사님이 "어젯밤에 애들이 다 싹쓸이해서 없소" 하니, 마시는 거를 사가지고 간다, 마시는 것도 이제 다르잖아요. 그래서 병으로 된 마시는 거 하고 그다음에 간식을 좀 샀어요, 요 앞에 슈퍼에서.

　　그래서 가방에다가 간식을, 그 왜 과자를 그렇게 사고 이렇게 해서 학교를 갔더니, 이제 막 한창 창문 너머에 연습을 하고 있는 거 있

재욱 엄마 홍영미

죠, 가서 댄스도 하고 [한다고]. 선생님도 계시고, 그래서 "재욱이 보러 왔다" 하니 선생님이 나와서 기어이 인사를 하시더라고요, 살짝 주고만 오려고 했는데. 또 쑥스럽잖아, 엄마가 학교를 찾아왔으니. 이제 저 재욱이한테 잘 갔다 오라고 그냥 아이 한번 안아주고.

제가 엉덩이 툭툭 두드려주는 걸 잘했는데 그날 아침 캐리어 끌고 나가대요? 막 헐레벌떡 나가는 거야, 좋아 가지고. 그래 한번 안아나 주고 원래 그렇게 하는데, 그 엉덩이를 한번 안 두드려줬어. 그냥 나가는 것만 보고 그냥 "잘 갔다 와" 그러고, 학교엘 가서 그걸 전해주고….

면담자   그게 인제 마지막이었군요.

재욱 엄마   예, 마지막이죠. 학교까지 갔었던 거, 그리고 선생님한테 인사하고, 그리고 나서 전 인제 출근을 했죠. 그리고 그날 저녁에 인제 애들 이제 간다는 거 확인하고…. 전 수원으로 다녔거든요, 국학원이라고. 인제 국학원 그 기관에서 근무를 했었으니까, 수원으로 출퇴근 1시간이면 되니까, 수원역 근처에 있어서 멀진 않아요. 그래서 그때 그날 그래놓고 이제 저녁에 마치고, 저녁에 퇴근을 했죠. 근데 밤에 자는데 머리가 너무 아픈 거예요. 새벽에 한 2시나 4시쯤에 깨질 듯이 아픈 거예요.

면담자   평소에 머리가 잘 아프신가요?

재욱 엄마   예, 인제 한 번씩, 그 인제 여자들은 호르몬 주기에 따라서 두통이 오기도 하는데, 그 두통이 너무 심하게 오는 [거예요]. 그렇게 심한 적이 없었거든. 새벽이었어요, 4시? 2시에서 4시 사이에.

제가 '도저히 안 되겠다' 싶어 4시에 일어나서 운동을 했어요, 일케 막 머리 흔들고, 머리 아파서. 조금 낫더라고요. 그러고 나서 그때가 아마 맹골수도 말구요, 처음에 일차적으로 배가 이렇게 문제가 있었다고 한….

면담자   그때쯤이었어요?

재욱 엄마   그때쯤이었던 거 같아요. 그걸 암암리에 신호라면, 무언의 메시지라면 메시지였을 수도 있는데, 생각도 안 했는데…. 그러고 참 희한한 게, 그냥 일상이잖아요, 일상이기 때문에 받는 들이는데, 재욱이가 문 열고 아침에 나갈 때 그런 생각하거든요. '아, 이거 별 사고 없이 갔다 와야 될 텐데, 사고 나면 어떡하지' 하는 생각을 순간적으로 확 한 번 한 적이 있어요.

면담자   수학여행 갈 때요?

재욱 엄마   그니까 아침에 나갈 때. 그래서 제가 '아, 안아줘야 되는데, 이거 안아줘야 돼, 말아야 돼' 하는데 이제 걔가 휘릭 갔다는 거죠. (한숨을 쉬며) 지금 생각하면 그거는 선명해요. 제가 그 기억을 해, 그 기억을.

면담자   그 순간적인 걱정….

재욱 엄마   그런 걱정을 하지만 '별, 별일 있겠어, 잘 갔다 오겠지'라고 보냈는데….

면담자   아주 잠깐이요?

재욱 엄마   아주 잠깐. 근데 너무 무서운 거죠 그 생각이, 지금 생각해 보면. 그리고 출근을 인제 그다음 날 출근을 아침에 하는데, 그제가 강의가 있었어요, 10시에. 근데 저기 거의 다 도착할 때쯤 돼가지고, 9시 한 반에서 10시, 9시 반쯤, 40분쯤….

면담자 　　　수원에서요?

재욱 엄마 　　　예, 수원에요. 9시 반쯤에 그 버스 안에서, 그 내릴 때쯤 버스 안에서 그 문자를 받은 거죠, 수학여행 뭐.

면담자 　　　누구한테서 왔어요?

재욱 엄마 　　　아빠한테서 먼저 왔던 거 같아. "지금 그 재욱이 타고 간 배가 난리가 났다" 이렇게 문자만 띵 온 거야. 그래서 "무슨 소리야?" 그래서 재욱이한테 전화를 했죠. 근데 전화 안 받는 거지. 9시 40분쯤 되면 벌써 배가 많이 기울어서 아이들이 힘든 상황이었었거든요. 시간적으로 보면 전화를 받을 수 없는 상황, 기울어서, 사고가 나서 이렇게 통화 연락이 안 되는 상태. 그러구 SK[SK텔레콤]였어요. 그래서 "잘 안 터진다", 막 이런 얘기도 있는 그런 통신사, "KT는 잘 터졌는데, SK라서 안 터졌다". 그래서 인제 부랴부랴 가가지고 그 강의장에서 텔레비전을 틀었죠. 근데 이제 그때 한창 "사고가 나서 타고 가는 단원고 학생들 배가 침몰 중이다"라는 그런 자막이 뜨고, 그러고 나서 조금 지나니까 "다 전원 구조됐다"라고 떴어요. 그니까 10시 강의인데, 이제 9시 반에서 10시 사이에 그것들이 막 나오는 거죠. "전원 구조됐다" 해서 가슴을 쓸어내리고.

　　　그러면 이제 아이를 데리러 갈 건지 말건지, 구조가 됐으니까. 그니까 난 강의를 안 하면 안 되는 상황이었으니까, "이걸 해야 돼, 말아야 돼. 하고 가지 뭐" 이러고, 우리끼리 또 이제 그 강사들하고 얘기를 하고 있는 상황에서 아빠한테 전화가 온 거죠. "무슨, 정신 차려라. 무슨 소리 하냐. 그래도 가야지" 해서 인제 저는 다른 사람한테 맡기고 왔었죠. 오는 와중에서도 애한테 통화가 안 되니까 불안하잖아. 그니까 학교를 먼저 가보려고 왔는데, 아빠가 먼저 학교를 가봤더니 "아수라장이다. 진도를 바로 내려가야 된다"라고 해서, 수원에서 가는 것도 버스니까 1시간쯤 걸리잖아요, 집까지. 집에, 그니까 누나는 이제 학교에서 그 얘기를 듣고 집에 와 있었고, "누나가 이제 재욱이 옷을 이렇게 챙겨놔라. 엄마가 집에 들러서 재욱이 젖었으면 옷 입혀서 보내야 되니까는 가방 싸서 가지고 이제 바로 아빠랑 가겠다" 이래서 집에 가서 가방 들고 아빠랑 둘이서 저희는 버스 안 기다리고 자가용으로 내려갔죠.

면담자　　　운전을 하셔가지고요.

재욱 엄마　　　네, 네. 근데 내려가는 중간에 휴게소를 한번 들렀는데 휴게소 들를 때까지는 그냥 계속……. 여동생이 안산 살아요. 여동생을 학교에 남겨놓고, 학교에 그 아수라장에 남겨놔서, 이제 그 생존자 명단 있었잖아요. 근데 저는 학교 입구에서 막 학교를 안 들어갔어요, 강당에. 입구에서 아빠를 만나서 바로 집에 가서 ○○한테 재욱이 옷을 받아서 내려가고 있는 상황이고, 이모는 학교에서 인제 상황 파악을 하고 있는 상황[이었어요]. 생존자 명단에는 없고, 그래서 내려가면서 계속 확인을 했죠, "명단 올라왔냐" [하고요].

면담자　　　그 전원 구조됐다는 게 오보라는 건 언제쯤 아셨나요?

재욱 엄마	그니까 오보라는 건 내려가면서 알게 된 [거죠].

면담자	내려가면서.

재욱 엄마   네, 네. 그니까 휴게소를, 내려가면서 쉬고 내려가는데 그게 뜬 거죠, "전원 구조가 오보다". 그러면, 이제 가면서 '그러면 이 많은 아이들이 어디에 있냐?' [하는 생각을 하기 시작했죠].

면담자	휴게소에서 오보 소식을 들었을 때가 몇 시쯤이었나요?

재욱 엄마   (한숨을 쉬며) 시간을 안 봤어. 그 12시 전이죠, 오전이었으니깐. 그니까 10시에 수원에서 출발해서 안산 왔으면 11시, 11시에 출발해도 1시간은 달렸을 거 아니에요. 12시쯤에 휴게소…, 정확하겐 모르겠어요. 저희 친정 엄마랑 통화를 했죠. 이제 그 집에서도 사고가 났다는 걸 아니까 "괜찮을 거야" 이제 그러고. 그 휴게소에서 통화를 하고 내려가면서 그 오보를 본 거예요, 그 뉴스에서 그니까.

면담자	라디오로요?

재욱 엄마   아니요, 아니요. 그니까 뭐야, 저 화면…. (면담자 : TV?) 예, 화면, TV 있잖아요. 그니까 계속 구조 어쩌고저쩌고하다가 갑자기 오보라고 탁 뜬 거죠. 그때 아마 KBS나 YTN이나 MBC나 이랬겠죠? 고게 처음 인제 가면서 저희가 그걸 본 거예요, 계속 틀어놓고 있었으니까. 그때 시간을 가늠을 하시면 될 것 같고…. '그러면 애들은 어디 있단 말야? 배 속에 있다고? 그러면 배가 지금 침몰하고 있는 사이, 배 속에 그럼 갇혀져 있겠네? 그러면 그 배가 가라앉지 않게 붙들어야 되겠네…' [하고 생각했어요]. 그러니까 가라앉을 거란 생각을 못

했죠. '그러면 구조를 하고 있겠네' 그러면서 내려간 거죠. 근데 "그 진도체육관에 애들이, 아이들이 왔다, 진도체육관으로" 그 얘기를 저기 뭐야 동생이랑 계속 통화를 하면서, "구조된 애들이 왔다"라고 한 거 같아요. 그래서 그 뭐야, 진도를 갔더니 그 아이들은 이미 다 가고 없는 상태였어요. 자기 부모들이 데리고 생존자 애들은 간 상태고, 명단에는 없고…. 그 앞에 보드, 보드 판이 이런 게 있었어요. 이거 한 반만 한 게.

면담자　　　진도체육관에요?

재욱 엄마　　예. 팽목항에[진도체육관] 입구에서 이제 1반, 2반, 3반 죽 이렇게 있었는데, 거의 아이들 이름[이 적혀 있었어요]. 전무후무한 거죠. 그래서 거기서 이렇게 이 좀, 이 상황 파악을 하다가 '안 되겠다' 싶어서 그럼 "팽목에 가자" [해서 팽목항으로 갔어요]. 거기서 팽목이 그렇게 먼 줄 몰랐죠, 한 40분 정도 걸리는데.

면담자　　　진도에서 팽목까지?

재욱 엄마　　예, 진도체육관에서 거진 20분 걸리나요? 진도라는 곳도 처음 가보고 팽목이란 곳도 처음 가봤잖아요. 일단 팽목을 갔는데 사람이 없어, 진짜로.

면담자　　　사람이 없어요?

재욱 엄마　　왜냐면, 그게 있어야 되잖아요, 앰불런스가 대기하고 있고, 나오는 애들 데리고 간다 그러면 기다리고 있고. 막 저희는 이제 애들이 막 모포를 뒤집어쓰고 나오는 그런 상황을 상상하고 갔는데 아무도 없는 거예요. 그때는 기자들도 없고, 없었어요.

면담자   몇 시, 몇 시쯤에 가신 거예요?

재욱 엄마   그게 오후였던 거 같아요.

면담자   오후에 좀 일찍?

재욱 엄마   한 2시쯤?

면담자   가족들 중에서도 일찍 가신 편이군요?

재욱 엄마   예, 일찍 간 편이죠. 그 버스가 오기 전이었어요.

면담자   아, 버스, 학교에서 출발한 버스요?

재욱 엄마   그니까 그 버스가, 출발한 버스가 처음 가고 두 번째 가
고 세 번째 가고 했는데 저흰 자가용으로 갔기 때문에 바로 갔었고,
그 버스가 오기 전이었던 거 같아요. 그래서 일단 팽목엘 갔더니 아무
도 없는, 많이 없는 거예요, 사람들이. 그래서 거기서 그냥 망망대해
만 바라보고 있는 거예요. 무슨 배가 있는 것도 아니고, 이 해양 경찰
선이 왔다 갔다 하는 것도 아니고, 그냥 바다만 있는 거예요. "갈 수도
없다. 여기서 현장까지 가는 데 1시간이 걸린다" 이 얘기를 하는 거
죠. 그럼 어떻게 가볼 수도 없고, 이 막연하게 기다리는 시간이 이제
그때부터 시작된 거고.

그러고 있는데 저녁에 인제 그러면 절체절명이잖아요. 이 순간순
간 애들이 지금 배가 이렇게 가라앉고 있다든지, 그럼 구조가 돼야 되
는데 안 되고 있는 상황이 느껴지잖아요. 그래서 누가 누군지도 모르
죠, 그때는. 사람들이 막 몰려오기 시작하는데 부모인지 누구인지도

알 수 없는데, 와서 이제 오열하는 사람들은 이제 다 부몬 거죠. 그니까 선명하게 생각은 안 나요. 그냥 바다만 바라보고, 오로지 그 기간 [바다만] 바라보면서 발 동동 구르고 있는 상황밖에는 연출돼 있는 상황이 아니었어요. 뭘 할 수 있는 것도 아니야. 그 팽목은 아무것도 없어요. 아무것도 없고 그냥 그… 흙, 모래, 자갈도 아니고 그냥 시멘트도 아니고 팽목에 있는 시멘트 말고 들어가는 입구에 있는 그… 그냥 흙. 그, 뭐라 그래요? 그 바다 바로 옆에 그냥 흙으로 이렇게 그냥 공터만 있었어요, 들어가는 입구에.

면담자　　　모래사장?

재욱 엄마　　　음, 모래사장 같았죠. 그리고 왼쪽 편에 그 몇 개 건물, 편의점이 있는지 몰랐어요. 그냥 그 초소 같은 게 하나 있었던 거 같고, 그게 다였어요. '그럼 여기서 무슨 구조를 한단 거지?' 앰뷸런스를 봤으면, 차라리 앰뷸런스는 대기하고 있는 그런 거라도 봤으면 이렇게 거기서 막 물어라도 보는데 아무도 없었어요. 그래서 막연히 기다리고 있는데 그때부터 막 차들 오고, 부모들 들어오고 막 그랬던 거 같아요.

면담자　　　그때가 언제쯤이죠?

재욱 엄마　　　어스름 해가 질 때.

면담자　　　나온 애들은 이미 나온 상태구요?

재욱 엄마　　　나온 상태에서 만날 수도 없었고.

면담자　　　예, 배 안에 있는 애들은 안에 있는 상태고, (재욱 엄마 :

음, 계속) 그럼 지금 무엇을 어떻게 하고 있다는 그런 설명 같은 것도 없었어요?

재욱 엄마   그렇죠. 그니까 "계속 구조가 돼서 나오고 있다", "어느 섬에 있을 것이다", "중국 어선이 이렇게 했을 것이다" 그런 소문만 난무하던 그런 상황들이었어요. 근데 그걸, 정보를 주는 사람은 아무도 없었고, 이제 부모들이나 다른 사람이 이야기하는 게 그게 전부였었고….

면담자   뉴스에서는 그때 어떤 (재욱 엄마 : 뉴스를 볼 수도 없었죠) 아, 밖에 게시니까 볼 수가 없으셨군요.

재욱 엄마   그렇죠, 뉴스는 볼 수도 없었어요. 그 뉴스를 틀어주는 것도 아니고, 그 현장에 그냥 그대로 있는 상황, 그리고 저기 바다는 나갈 수도 없는 상황. 그 경찰들도 못 본 거 같아요. 나중에는 그 뒤로는 기억이 안 나요. 막 아수라장이 있는, 너무 많은 그런 현상들이 겹쳐서 나와가지고.

근데 기억나는 건, 해가 지기 시작했거든요. 이렇게 이 어두워지기 시작[하니까], 날씨가 굉장히 포근하고 따뜻했어요. 근데 이제 저녁 되니까 춥잖아요. '내가 추운데 이 아이들은 어떡해' [하는] 그걸, 교류를 하고 체감을 하고, '물속에 있으면 추울 텐데…' [하는 생각이 몰려왔어요], 어디에 있는지조차도 모르니. 그렇게 말도 안 되는 상황에서 막 나중에는 담요도 갖다주고 했다고 하던데, 저는…. 하여튼 그리고 저녁에, 어슴푸레 저녁이 이제 저녁 밤바다가 이렇게 시커멓게 변하는데, (면담자 : 해가 지고) 예, 해가 지고 있는 그런 상황. 이 왜 그 붉게

노을이 넘어가는데 미치겠더라고요, 그 상황에서.

면담자   예, 그쪽이 이제 서쪽이니까 더했겠군요.

재욱 엄마   으응, 더 그렇죠. 이제 그 상황에서 자원봉사자들 막 이런 사람들이 막 몰려왔던 거 같아. 그래서 추우니까 어떻게 견딜 수가 없잖아요. 그래서 비닐을, 처음에는 이게 텐트를 칠 생각도 못 하고, 어디서 지원하는 것도 없잖아요. 비닐을 막 이렇게 쳤던 것 같아요, 바람 막는다고. 밤새 기다려야 되니까 "바람이라도 막자" 해가지고, 그래서 막 비닐 천막을 쳤던 기억이 나고요.

그리고 거기서 부모들이 그렇게 삼삼오오 옹기종기 모여서 상황 파악을 하는데 파악이 안 되죠. 그리고 사람들이 어디 있나 했더니 체육관에 있다는 거예요, 가족들이 체육관에 다. 왜 친인척들이 다 몰려왔을 거 아니에요? 그래서 이제 "우리도 체육관을 가야 되지 않냐", 아빠가 이제 완전 밤이 깊어지고 하니까, 10시까지 막 있다가 [그러더라고요]. 아무것도 이렇게 진행되는 게 없고 누가 정보를 주는 것도 없고 사람들은 오히려 우리한테 와서 물어보고, 그러니 환장하는 거죠.

거기서 그냥 있다가, "진도체육관으로 가자" 그래 가지고, 아빠가 "그냥 그쪽으로 가야 될 것 같다. 여기 있으면 추워서 밤을 샌다는 것도 말이 안 되고", 그래서 체육관으로 갔는데 거기 이미 아수라[장], 꽉 들어차 있었고.

면담자   몇 시쯤 가신 겁니까?

재욱 엄마   10시에서 12시 사이였던 거 같아요. 밤이었어요, 한창. 밤에 갔어요. 왜냐면 기다리다 기다리다가 상황 파악을 해야 되는데,

"진도체육관에 이제 사람들이 더 많이 모여 있으니까 그쪽에 정보가 더 많을 것이다. 정부 부처가 와 있지 않겠냐. 그리고 이제 학교 측 담당자들도 그쪽에 다 있다" 그래 가지고 갔어요. 갔더니 이제 아수라장이긴 했죠. 그 체육관에 담요 쭉 해놓고, 가족들 이렇게 앉혀놓고, 들어갔더니 앉을 자리가 없는 거죠, 다들 이제 자리 잡고 앉아서. 2층은 비어 있었는데 왜냐면 그때 담요도 나눠주고 막 그런 상황에서 누군가가 챙길 수도 없는 그런 상황이었죠.

그리고 이제 어쨌거나 비집고 앉아 있는데 막 자원 봉사자들이 밥을 먹으라고 막 챙겨주는 거예요. 그, 그때 밥 먹을 사람 누가 있었겠어요. 그리고 저쪽 구석엔 학교 측, 교육청 쪽, 정부, 정부 부처는 없었고요, 경기도교육청, 학교, 그다음에 진도 그 군청 그쪽 담당자들이 이렇게 있었고.

학교 선생님들이…, 그때 학교 선생님들이 다 내려오고, 그르고 그땐 정치권들, 그 남경필이니 박순자니 이런 정치꾼들, 그 (허탈하게 웃으며) 전에 알고 있는 사람들이, 활동을 하다 보면 이제 그런 사람들을 알아요. 근데 와서 이제 거기서 턱 만난 거지, 그들도 어떡할 줄 모르고.

면담자   그때 경기도지사 되기 전이었죠?

재욱 엄마   되기 전이었죠. 김문수가 왔었나? 김문수는 못 본 것 같고, 왔겠죠? 그리고 또 이제 단원고 선생님들 그쪽 다 와 있었고, 하여튼 그런 상황이 됐어요. 부모들도 여기저기 막 모여 있어, 누가, 그때는 누가 누군지도 몰랐고. 몇 반인지도 몰랐지, 10반까지 있다는 것도 몰랐으니까. 나중에는 막 혼선이 있으니까 부모들은 명찰을 차게끔 해서 엄마, 아빠들만 누구 엄마, 누구 아빠 이런 식으로. 그런 상황인데 그 뒤에는 있었죠? 그러고 아무것도 못 했어요. 그냥 그때는 텔레비전도 없었거든요. 그니까 누군가 와서 안내를 해주기를 바랐는데 안내를 하는 사람이 아무도 없었고, 그래서 가족들 중에 이거를 모을 수 있는 사람들 해가지고 앞에 나와서 마이크 잡고, "반에서 반장엄마들, 반장 아빠들 모이시오", 막 이런 그 상황이 돌출이 됐고.

면담자   TV도 없었으니 (재욱 엄마 : 아무것도 없었죠) 정보를 접할 수 있는 게 없었네요.

재욱 엄마   예. 다른 사람들은 SNS를 하고, 페북[페이스북]을 하고 하잖아요. 거기서 이제 보는데, 그런 상황이었고. 방송차들이 왔었을 거 아니에요? 바깥에 YTN 방송차들, 이런 차들, MBC, KBS 이런 차들 방송을 내보내고 있는데, 이제 가짜 방송을 내보내고 있는 거죠. 그게 저희가 이틀째에 발견을 했는데, 똑같은 화면을 똑같이 돌리고 있는 상황. 우리가 고립되어 있다는 것을 몰랐죠, 그때는. 그 사상 최대 구조를 하니 마니 하는 그런 내용들은 처음에는 몰랐어요, 저희도.

면담자   알았어도 정신없으실 때라서요.

재욱 엄마   네, 그러려니 했는데 이제 바깥에서 알려준 거겠죠. 가족들이 밖에 있으면, "지금 이렇게 보도가 나오는데 구조하고 있냐?" 근데 팽목에 있는 사람들이 많았어요. 아빠들이 그날 밤에 이렇게 배를 타고 나가고, 배를 타고 나간다고 해서 또 팽목을 갔던 거 같애.

4
참사 직후 현장 상황과 재욱이 수습

재욱 엄마 그다음 날, 그날이었던 거 같아요. 저는 이제 여기 왔잖아요? 왔다가 '안 되겠다' 싶어서 저는 여기 체육관에서 정보를 소통을 하고, 아빠는 "팽목 상황을 알아보겠다" 해서 아빠는 아침에 팽목을 갔어요, 버스가 있어 가지고 버스를 타고. 저희는 자가용 갖고 갔기 때문에 자가[용]으로 움직일 수도 있었고. 그리고 아빠는 [팽목으로] 가고.

그 팽목에서의 상황들, 그런 상황들이 이제 매스컴이 [한] 거짓말이라 드러나면서 그쪽하고 이쪽하고 이제 소통을 하고…. 여기가 진도가 좀 늦었어요, 한 1시간 정도, 2시간 정도 뒤에 정보를 받고, 팽목에 있었던 분들이 고생을 많이 하고…. 그 아수라장, 팽목의 아수라장은 저는 모르는 거죠. 이제 체육관에 있다가 팽목엘 매일 한 번씩은 갔거든요. 아침에 갔다가 저녁에 체육관[으로] 넘어오고 그랬는데, 며칠을 그렇게 했던 거 같애요.

그리고 처음엔 둘만 내려갔는데 이제 가족들이 올라왔죠. 시댁에서도 올라오고 친정에서도 오고 했는데, ○○도 그 휴강 상태니까 이틀 쨌가 삼 일쨌가 ○○가 내려왔어요. 그러다가 너무 그러니까 일주일, 막 그 도보도 하고 그러고 나서, 도보할 때 ○○가 있었구나. [○○는] 체육관에 아빠하고 [있었어요], 이제 저는 도보를 했었고.

면담자 도보라는 게 어떤 도보죠?

재욱 엄마 그 진도, 그 진도대교…. 청와대 간다고 그렇게 갔을 때

저만 갔었거든요. 근데 그때 가족들이 다 내려와 있기 때문에 아빠는 가족들이랑 체육관에 있었고. ○○가 이틀쨴가 삼 일째 내려왔다가 도보가 끝나고 이제 재욱이 일주일 만에 왔거든요. 6일[째 되는] 날 올라갔어요, 6일[째 되는] 날 올라가고 재욱이가 나온 거 같아요]. (면담자 : 6일 만에 올라왔어요?) 6일 만에. 22일 날 ○○가 올라간 거 같고, 올라가고 나서 이제 재욱이가 27일 날 올라온 거죠. 아니 23일 날 올라온 거죠, 7일 만에. 그런 상황이었어요.

그리고 나서는, 그때가 인제 아이들이 막 올라오는 그 주가 이제 도보, 5일째 도보를 하고 6일째 새벽에 아침에 이제 다시 돌아왔단 말이에요, 체육관으로. 그리고 나서 또 아이들이 막 올라오기 시작하고, 그다음 날, 그때부터 아이들이[에게] 번호표를 붙여가지고 올라오는 아이들마다 이 아이는 이런 특징이 있고 해서 이렇게 왔는데. 재욱이랑 비슷한 아이가 있었어요, 그 전날. 그 이제 내용이 이렇게….

면담자　　　22일 날이요?

재욱 엄마　　네, 22일 날. 키는 뭐고 했는데 재욱이인 거 같기도 하고 아닌 거 같기도 한데 아닌 것 같아요. 근데 아니더라고요.

면담자　　　확인은 하셨습니까, 가서.

재욱 엄마　　아니, 이제 아빠가 그 확인했[는데] "야가 비슷한 거 같다, 근데 아닌 것 같다" [그래요]. 그리고 제가 인제 의심나는 게 그 왜 있잖아요, 키는 몇이고 했는데 아닌 것 같다고 했는데, 23일 날 딱 하나 올라왔는데 재욱이가 분명한 거죠. 뭐, 분명하더라고요, 재욱이가. "맞다, 가봐라" 그래서 그날은 제가 인제 팽목에 가 있었네요. 팽목에서 이제 막 적잖아요, 막 몇 번 해가지고 키 얼마. '어, 이거 재욱인 거 같다, 확인하자' 해서 가서, 그때 이제 안치소에 가서 확인했더니 맞 더라고요.

그러고 나서 그날 딱 뭐가 있었냐면, 그 전에, 140번이거든요 재 욱이가. 근데 그 전에 아이들이 두 번 정도 바뀌었어요. 그런 상황들 이 생긴 거 알고 계시죠? 그래서 안산에 올라왔는데, 아이라고 분명히 해서 올라왔는데, 뒤에 DNA 검사에서 "아니다"라고 판결이 나서 이 제 다시 돌려보내고, 이제 그 부모는 다시 거기서 이제 그 안산에서 아이를 찾고 그런 상황들이 있는데, 그게 뭐냐면 DNA, 아무리 외모 를 보고 "내 아이가 맞다"라고 해도 DNA 검사에서 결과가 나오기 전 까지는 [데려가선] 안 된다[는 거예요]. 왜냐면 그런 사례들이 있기 때문 에, 안 그러면 정말로 장례 치를 뻔했잖아요. 너무나 그런 상황이기 때문에 그 DNA 때문에 하루를 기다렸어요, 아이를.

그리고 가입관을 할 거냐 말 거냐, 아이가 그대로 올라왔으니까 는, 그냥 침대 그 하얀 시트에 그냥 그대로 덮혀져 있으면 안 되니까, 상할까 봐, 혹시라도…. 일주일 만에 왔는데, 아이들이 물에서 올라왔 는데 이렇게 상하는 상태가 되잖아요, 이렇게 노출이 되면. 그리고 피 부 같은 것도 이렇게 벗겨지고, 만지면 벗겨지고, 그리고 이제 냄새도 나고 그래서 "가입관을 해달라" 해서 입관하고, 재욱이는 보관을 하고.

그다음 날 이제 DNA 검사 확인되고 해서 올라왔는데, 23일 날 오 후에 올라왔는데 [아니] 24일 날 오후에 올라왔어요. 그 검사하고 뭐, 기타 장례식장에도 문제가 많아 가지고, 미리 예약된 장례식장이 이 제 그놈의 DNA 검사하는 바람에 밀린 거예요, 예약해 놓은 장례[식장이]. 거기서 위에서는, "기다리는 애들이 있는데 미리 잡아놓으면 안 된다" [그러지만] 미리 위에선 잡아놓잖아요, 가족들이 인제. 그랬는데 그게 또 막 혼선을 빚어가지고 그 장례식장을 못 가고 다른 데를 정했다가 올라가는 도중에, 이제 헬기로 간 아이들도 있고, 차로 간 애들도 [있고 해서] '차로 가면 같이 갈 수 있겠다' 싶어서 차로 갈려고 했는데, 인제 안 되고 앰뷸런스로 가고, 저는 이제 택시로. "[앰뷸런스에] 엄마, 아빠 둘 못 탄다" 해가지고 따로 타고 갔어요. 그것도 되게 신경질 났어요, 근데.

면담자   그니까 그 재욱이 아빠만 타시고?

재욱 엄마   앰뷸런스는 아빠만 타고, 이제 가입관을 한 상태에서. 부모들은, 그 전에 나온 애들은 이렇게 만져도 보고 그렇다는데, 아빠는 그냥 올라갔다 하더라고. 그래서 그리고 이제 같이 올라가는 와중에 다시 그 원래 장례식장으로 또 이렇게 방만 바꿔서, 특실이었는데 다른 방으로 바꾸고 이렇게 해서.

면담자   장례식장은 어디였어요?

재욱 엄마   제일장례식장. 바로 장례를 할 수가 있었죠. 안 그러면 보통 다들 그때 애들이 많이 올라오고 장례식장이 없었기 때문에 하루를 기다렸었어요. 근데 제훈이가 우리 때문에 이제 하루를 딜레이를 시켜야 되는 그런 상황이 돼 있었죠. 대신에 특실에서 하긴 했는데 (웃음), 제훈이는 고 5인방 녀석들 중에 하나거든요. 정말 신기한 거, 저는 그 제일장례식장엘 꼭 가고 싶은 거예요, 재욱이가 정해진 거는, 이제 장례식장이 없어서 시화에 있는 장례식장에 정해졌는데.

| 면담자 | 시화로 건너가야 되는 상황이었군요? |

재욱 엄마 시화, 예, 예. 근데 이제 제일[장례식장]이라고 공지가 됐는데, 제일[에서] 그쪽[시화]으로 바뀌었다고 공지를 하면 혼선이잖아요. 근데 "그랬는데도 거기[시화] 갈 거냐" [하길래], "아닌 것 같다. 제일장례식장으로 오는 게 맞겠다" 해서, 이상하게 거기[제일장례식장]로 가고 싶더라고요. 그래서 제일장례식장을, "올라가는 와중에라도 자리가 나면 해달라" [그랬어요]. 자리가 있었는데, 하여튼 위에서 문제가 많아 가지고 그런 시끄러운 게 있었나 봐요. 그래서 "잡아라" 해가지고 억지로 잡은 거예요.

그리고 이제 나가고 나서 오후에 저희가 올라가니까 이제 자리가 마련이 된 거죠. 그때 그 자리에서 우리 녀석들 다섯 놈 [중에] 세 명이 그 자리에서 했어요. 건우도 그 자리에, 재욱이가 한자리에서 했구요.

면담자 똑같이요? 같은 자리에서?

재욱 엄마 예. 같은 자리 그 장례식장.

면담자 시간이 다르니까요.

재욱 엄마 어, 이제 재욱이 나오면은 건우가 나중에 한 달 있다 왔었고, 준우도 그 자리에서 했고, 준우가. 재욱이가 하고, 준우가 하고, 건우가 하고. 성호는 일찍 올라왔어요, 이틀짼가 삼 일짼가.

면담자 똑같은 방, 같은 호수에서 한 거예요?

재욱 엄마 어, 똑같은 호수, 그 자리. 그 제일장례식장 똑같은 호수. 그리고 저기 성호는 일찍 올라왔기 때문에 저기 안산의 다른 장례

식장에서 했고요. 그리고 제훈이는 그 같은 장례식장에 그 층에 있는
특실에서 그다음 날 장례를 했었어요. 그리고 저희가 저는 인제 경황
이 없어서, 팽목에 많이 없었으니까 진도체육관에 있었으니까, 이제
막 반 대표 이런 거, 막 우리 반의 대표 이러면서 이제 그런 미팅을 들
어가고 했는데….

　　아빠는 팽목에서 있으면서 이제 반 아이들, 5인방 아이들 이런 것,
이제 친한 친구들 엄마들 처음 만난 거죠. 만나서 이제 교류를 했었는
데, 장례를 치르면서 이 아빠들이 아이들 딱 이렇게 찾은 거죠, 사실
은. 그 5인방을 찾은 거예요. 성호 엄마가 아이들이 친했다 그러고,
건우 엄마는 재욱이를 젤 잘 아니까 사고 났을 때 재욱이 먼저 찾았
고. [건우 엄마가 건우하고 재욱이는] "같이 있었을 것이다" [했는데] 아니
나 다를까 같이 있었어요, 두 놈이 같이. 그 뭐야 저기 편의점인가? 배
에, 거기서 있다가, 그게 아침에 밥 먹는 시간까지 걔네들 거기 CCTV에
찍혔어요. 그리고 이제 올라가고 나서 사고가 난 거지. 그 재욱이 입
에 고춧가루가 끼어 있었어요. 밥 먹고 나서 얼마 안 된 거죠. "다 교
실로 가라", 아니 저기 배, "객실로 가라" 해서 밥 먹고 나오다가 뛰어
간 거 같애요. 그래서 이제 반으로 찢어져서 각자 반으로 간 상황이었
다고.

면담자　　　　다른 반입니까, 성호는?

재욱 엄마　　　다른 반이었대요, 2학년 때는.

면담자　　　　1학년 때는 같은 반이었습니까?

재욱 엄마　　　1학년 때는 다섯 명 같은 반이었고. 건우랑 이제 친하

니까 일단 그래서 아침에까지 밥 먹고, 편의점에서 만나서 이 잔돈 계산하고 막 그런 게 있어요. 얘들이 그래 가지고, 그러고 인자 올라갔는데 반으로 찢어져 가지고 그런 거죠. 그렇게 해서 음, 건우 엄마가 이제 저기 [준우] 아빠를 먼저 찾아서, 그 팽목에 그 텐트 있잖아요, 거기서 이제 교류도 하고 했었던 거 같아요. 그래서 장례를 먼저 치르고, 올라와서 치르고 다음 장례 아이들이 올 때 준우 아빠란 사람은 같이 그거 활동을 했었거든요. 그 반 대표로 하는데 몰랐던 거죠. 제일 인제 이렇게 교류도 많고 이야기도 많이 하고 그렇게 했는데 몰랐어.

재욱이가 올라왔을 때, 재욱이 찾고 나서 같이 와가지고 확인을 하고 가는데 준우 아빠도 오셨더라고요. 근데 준우는 아니고 재욱이 확인한다고, 재욱이 하고 가면서 준우 아빠한테 제일 먼저 그랬지, "재욱이 찾았어요". 그런데 이걸 축하한다고 하기도 참 그렇고 그래도 "참 다행입니다" 그러고 "이제 올라가 계시라"고 그렇게 인사를 먼저 했었는데, 그때 상황이 "아이들 올라오면 그냥 장례를 치르면 안 된다, 다 애들 다 올라올 때까지". 왜냐면 그런 정보가 있었죠, 정부가 덮으려고 하고 있고, 이건 그런 정보들이 있었겠죠. 한 7일 동안에 얼마나 많은 루머가 있었겠어요. 그래서 "장례를 치르면 안 된다, 같이 합동 장례를 치를 때까지, 이것들이 구조 다 해낼 때까지. 각자 각자 찢어지기 시작하면 구조를 안 할 수 있다. 나중에 미수습자 분명히 나온다. 실종자 나온다. 이래서 다 같이 장례를 치러야 된다" 해가지고 완전히 초대형 냉동 창고를 준비를 하고 있었고, 그걸 설치를 한다고 했었어요.

근데 이제 "각자 올라간다", 가족들이 말이 많잖아요. 친척들 얘기도 들어야 되고, 먼저 오고 싶은 사람도 있고 그래서 그냥 각자 올라와서 장례를 치르고 일단. 근데 이제 위에선 정부합동분향소가 차려지고 있는 상황이었고, 밑에서는 아이들 시신 수습을 하느라고 정신없는 상황이었고, 그래서 이제 그 활동하던 사람들이 막 같이 의논하고 회의를 하다가 [아이를] 찾았어, 그럼 올라가야 되잖아요. 장례를 치르고 오겠다고 한 사람 올라갔다가 다시 내려오고, 저희도 그런 케이스죠. 올라와서 장례 치르고, 아빠는 다시 내려오고, 저도 내려왔다가 올라가고 그런 상황들이 계속 반복이 되고 있었고.

근데 신기한 건 그 자리에서, 준우도 재욱이 [장례 치른] 그 제일장례식장에서 장례 치르고, 그러고 나서 되게 많이 올라왔던 한 일주일, 23일부터 해가지고 장례 치른 일주일 외에는 조금 여유가 있었어요. 그래서 준우가 장례를 치르고 한 달 있다가 건우가 올라오고, 제훈이하고.

5
재욱이 장례 직후 안산과 진도

재욱 엄마　　다섯 놈 정리가 되고 그때부터는 인자 위에서는 무슨 상황이 벌어져 있냐면, 반별로, 모든 모임이 반별로 처음엔 다 같이 모였어요, 같이 모이고…. 그담에 인제 회의를 통해서 대표를 위에서는 뽑고, 밑에는 수습하고…. 반 정도 됐죠, 수습하고 있는 사람 반, 위에 있는 사람도 올라온 아빠들은 위에서 대책위를 꾸리고. 그렇게 해서 돌아가다가 어느 정도 한 달, 두 달 정도 지나면서 수습이 굉장히 많이 됐어요. 두 달, 석 달까진가? 하여튼 그 뒤로는 기억이 잘 안돼. 매일 모였으니깐요, 몇 달 매일 분향소에서 모이고, 부모들 거기에서 상주를 하고 있었고….

면담자   안산 정부합동분향소요?

재욱 엄마   예. 이제 그리고 그 분향소 옮겨졌잖아요, 좁아 가지고 큰 쪽으로. 화랑 유원지로 옮겨지고 하면서 자리를 잡고, 인제 그런 활동들을 하면서 지금의 상황들이 이렇게 진행이 된 거죠. 그리고 미수습자 거기 할 때까지, 인양 결정 11월 달까지 계속 위에서는 지원 내려가고 있는 상황이었고, 인양 결정하고 나서 한동안 그 팽목을 안 뺐잖아요, 체육관을. 체육관 뺄 때까지의 과정들이 있었고, 그 안에서 갈등도 굉장히 많았죠.

면담자   어떤 갈등이요?

재욱 엄마   그니깐 미수습자들은…, 이제 계속 저희는 인양을 결정을 안 했거든요, 끝까지. 그러니까는 그 인제 지현이가 올라오고 나서 끝까지 더 있어도 인제 무조건 그 수습을 해야 된다라는…. 왜냐면 인양을 하기 시작하면 걸리는 기간, 지금 상황을 봐서 알지만 모든 게 스톱되고 시간이 너무 지나니까 그러면 그 기다리는 미수습자들은 너무 힘들 거라는 거죠. 어떤 사람들은 언제까지 이렇게 수습을 해야 되냐 하지만, 지금 생각해 보면 '그 수습을 하는 게 맞았다'라는 생각이 또 들어요.

면담자   인양을 결정하지 말고요?

재욱 엄마 말고, 수습을 하는 게. 왜냐면 좀 더 수습을 하는 게 맞았다는 생각을 해요. 개인적인 생각이에요. 그러고 나서 정 뭐, 그러고 나서 1년 지나고 2년 지나도 그래도 안 됐을 경우에는 인양을 했으면….

면담자 인양 결정하고 나서 수습 작업은 어떻게 되었나요?

재욱 엄마 아유, 중단된 거죠, 11월까지였는데. 그 미수습자들이, 저는 그렇게 결정한 거에 대해서 가족들 굉장히 분개했어요. 놀랐어요, 왜냐면 저희가 결정한 게 그 전날까지도 "인양보다는 수습을 해야 된다"라고 이야길 하고 있었고. 근데 이제 인양을 결정하는 거 있어서는 미수습자 가족들이 우선이잖아요. 저희하고 상의 없이 그냥 그들이 결정해 버린 거예요. 〈비공개〉 그래서 그때 너무 황당했어요, 저희 가족들은, 위에 있는 가족들은. 대책위는 황당해했죠. 근데 이제 그걸 그때 막 특별법 만들어야 된다고 저희는 막 싸우고 있고 그런 상황이었는데 그런 갈등들이 있었던 거죠.

이게 미수습자 입장에서는 어찌 보면 당연한 입장이었을 수 있는데 지금 생각해 보면 우리가 좀 더 현명하지 못하고 좀 똑똑하지 못했다는 생각을 많이 하죠. 왜냐면 정부에 많이 휘둘렸으니까. 이것들이 이렇게 세월호를 진실 규명을 안 할려고, 인양하지 않으려고 했다는 것을 물론 싸우면서 알잖아요. 근데 이건 그렇게 저기 방향을 갖고 간다는 건 있을 수 없는 일이거든. 그런데 지금 알잖아요, 지금 그런 상황이었다는 [것을]. 더 분개하는 거죠, 그런 상황들이었어요.

6
참사 관련 언론 보도 행태 및 사찰

면담자　　　　진도 계실 때 언론의 행태를 몇 가지 좀 구체적으로 말씀해 주시겠어요? 그러니까 계속 같은 어떤 화면을 틀어주고 그런 이야기요.

재욱 엄마　　　음, 저는 그걸 3일째에 알았어요. 밖에 YTN인가가 와 있었거든요. 그 이튿날인가 대통령이 와가지고 설치해 가지고 해준 게 그냥 비디오 설치 하나 해준 거예요, 체육관에. "여러 가지 화면이 이렇게 다양하게 나오는 [게], 설치해 달라" 해서 설치해 준 거고…, 근데 이제 그걸 계속 쳐다보고 있잖아요, 왜냐면 방송은 제대로 이렇게 조명을 해줄 거라 생각하고. 왜냐하면 "현장 CCTV를 달아달라" 했거든, "현장 CCTV 달아준다" 했거든요. 현장 상황을 그대로 [보여주려니 했는데] 그게 안 됐[고], 그 배 뒤집어진 그림 그거만 계속 보여주는 거예요. 그게 이제 현장 상황이라고 보여주는 거예요. 근데 보니까는 계속 그것만 틀어주고 있는 거죠.

면담자　　　　그때는 이미 가라앉은 후가 아닌가요?

재욱 엄마　　　아, 완전히 침몰, 음… 3일쨋가 침몰됐죠. 2일쨋가 3일쨋가, 그 에어포켓, 완전 침몰됐습니다. 인제 그걸 그 화면을 통해서 본 거죠. 근데 그 전에도 그 화면이 계속 정지 화면으로 돌아가고 있다는 것을 처음에는 인지를 못 했어요. 근데 그 뉴스 내용이 아니고 계속 그 뒤에는 뉴스를 틀어줬죠. 처음에 화면 띄울 때는 고 화면만 계속 띄워준 거예요.

면담자   그 화면만 계속 보여줬군요.

재욱 엄마   그러다가 뉴스로 이렇게 틀어주고. 그 언론의 그 뭐라
노, 탄압도 아니고요, 그 언론의 나쁜 짓을 뭐라고 해야 되나요? 그 개
놈의 새끼들이에요, 개놈의 새끼들.

면담자   그때 많이 목격을 하셨겠네요, 언론에서 감추려고 하
는 것.

재욱 엄마   했죠. 감추려고 한 줄은 몰랐죠. 촬영은 해 가, 다 찍어.
근데 그게 그대로 조명이 안 되는 거예요. 그리고 이제 우는 모습, 발
악하는 모습, 막 항의하는 모습 이런 것들만 한 번씩, 중앙 언론은 크
게는 안 나가죠. 그런 것만 들이대는 거예요. 쫘악 사람들이 있잖아
요, 그 언론들이 막 이렇게 촬영을 해요.

면담자   사람들 모습.

재욱 엄마   사람들. 누가 누군지 모르니까 "올라 가!" 해가지고 성
호 아빠가 그때 난리를 쳐가지고 언론들이 [진도체육관] 2층으로 다 쫓
겨 올렸어요[올라갔어요]. 위층에서 촬영을 하는데 뭔가 으윽 소리가
나면 그쪽으로 화악 몰리고, 욱 소리가 나면 화악 몰리고 그런 상황이
었죠. 그래서 언론들 다 쫓아서 2층으로 올라가고 막, 그게 찍어도 제
대로 조명을 안 하니까….

면담자   그러니까 찍고 나서, 그런 화면들 안 보내고 계속 이제
반복 화면만, 정부에 불리하지 않은 화면만 내보낸 거군요?

재욱 엄마　예, 반복 화면만. 네, 그 거짓말 있잖아요, [잠수사] 500명 [이] 구조하고 조명탄 터트렸고…. 안 터트린 거 우리가 알거든요. 팽목에 있는 사람들 다 알잖아요. 근데 그 거짓말이라는 걸 그대로, 그런 것들이 조명된 게 몇 개 있잖아요. 그 왜 방송하는데 "야, 이 뭐시기야, 거짓말 하지 마라"고 영석이 아빠가 소리 지르는 그런, 그런 것들이 방송에 그대로 나가기도 하고.

그리고 인제 막 이 그 구조하고 있다는 쇼를 해야 되니까 출렁이는 배를 연출을 시키고, 막 그런 것을 부모들이 옆에서 팽목에서 다 지켜본 거예요. 그래서 [부모들이] "이것들 가짜다", 그래서 "대한민국 언론은 인터뷰하지 마" [하게 된 거예요]. 첫날, 둘째 날까지는 인터뷰를 많이 해줬어요. "이거 이러면 안 된다. 국민 여러분, 지금 그 이렇게 구조 세력이 와야 되고 잠수부가 필요합니다"라는 그런 거는 하나도 조명을 안 해준 거죠, 그니까.

면담자　인터뷰를 했는데도요?

재욱 엄마　예, 인터뷰를 엄청나게 했죠. 딱 가둬놓는 거죠. 그러고 해외 언론들이 많이 왔어요. NHK라든지 미국에서 온 그런 언론들이 터뜨려 주는 거예요. "지금 여러분들이 이렇게 갇혀 있다는 걸 아느냐", 이런 식으로 인제 우리한테 이야길 해주는 거죠. 그때 알았죠. 그래서 인제 해외 언론에서 오히려 많이, 그래서 해외언론 인터뷰를 했는데…. 그리고 이놈의 KBS, MBC는요, 딱 자리를 잡고 비켜주질 않아요. 아무것도 조명 안 해. 현장 그걸 조명하는 것도 아니고, CCTV가 되는 것도 아니고, 그런 것들 아예 찍지도 않는 것 같애. 근데 인제 딱 자리 잡고, 그 팽목에 그 뭐야 경찰선가 파출소 그 위에 자리 잡고 계속 그 부분만 조명을 하는 거죠. 가족들만 찍어대고, 사찰만 하는 거죠. 국정원은 그런 소통하고 있지 않았겠어요? 나쁜 놈의 새끼들.

면담자 　　　거기에 있었던 사람들 중에서도 사찰하던 사람이 잡히고 그랬다고 하던데요.

재욱 엄마 　　　있었죠, 예, 팽목에. 아이, 팽목이 아니고 체육관에서는 저도 그걸 목격을 했고요. 그 사람은 직접 이렇게 멱살 잡고 해가지고 그 자리에서 확인하는 것도 있었고, 도망가고 그런 사람들 제가 다 봤었죠.

면담자 　　　그 사람은 어디 소속인지 밝혀졌습니까?

재욱 엄마 　　　아니, 이제 사복경찰이니까. 그래서 자기 이제 어디 상부에다 전화를 하는, 그 자리에서 바로 전화를 하고 그게 들키고 그런 상황.

면담자 　　　그 자리에서 전화해서 보고를 했어요?

재욱 엄마 　　　그니까 [부모들이] "너 어디 소속이냐?", "부서가 어디냐?" [하니까] 이제 그 부서에다가 전화를 한 거예요. 그러면서 인제 확인 비슷하게 하고, 하여튼 지네들도 혼선이, 그래서 확인 비슷하게 하고. 이제 [가족들이] "프락치다" 하니까, "그러지 않겠다"라고 하고 도망가고, 막 그런 상황들이 발생을 했죠.

면담자 　　　사복경찰들이 제법 들어와 있었던 모양이네요.

재욱 엄마 　　　제법이 아니라 반이 사복이었다고 보시면 돼요. (면담자: 반이나 사복이에요?) 예. 그 얘기 못 들으셨어요? 거의 사복경찰들이 부모들 막 이야기를 하고 있으면 스윽 와가지고 듣는 거예요. 근데 이제 사복 입으니 누군지 모르잖아요. 근데 표가 나요. 등산복 차림에 좀 이렇게 깎아지른 이런 밤톨 머리에 그 무전기에. 그니까 한참 이야기를 하다가 스윽 가면, 가서 인제 "지금 이런 상태고요. 가족들은 이런 상태고, 그담에 큰 동요는 없는 것 같습니다" [하고] 통화하는 걸 들킨 거죠, 가족들한테. 그래 가지고 멱살을 잡고.

면담자   그런 혼란스러운 상황을 좀 정리하고 가족들을 안내하는 정부 쪽 사람들은 없었나요?

재욱 엄마   아니 안내가 아니라니깐요. 정부 관계자들이 안내할 수 있는, 정확한 안내자들이 있어야 되잖아요? 없었어요, 전혀. 정부 부처에선 안 나와 있었다니깐요?

면담자   안 나와 있었으면 누가 안내를 했어요?

재욱 엄마   그게 자원봉사자들(허탈한 웃음), 그리고 학교 관계자들, 교육청 이런 사람들밖엔 없었어요. 누가 나와서 진두지휘를 하는 사람들이 없었다니깐요.

그리고 한 4일째 막 이럴 때는 그 진도체육관에서 해수부 장관 내려오고 그랬잖아요, 3일짼가, 해수부 장관. 그담에 장차관들 회의한다고 쇼를 한번 하고 갔죠. 그때 국회의원들 썩을 놈들 와가지고 같이 쫘악 앉아서 대표들 와라 해가지고 회의를 했는데, 그 내용도 별게 없었어요. 대통령이 오고 간 다음인지 그 전인지는 모르겠어. 내로라하는 사람 다 와가지고 그냥 얼굴만, 얼굴 도장 찍고 회의만 하고 "최대한 수습하도록 노력하겠습니다" 그러고는 땡. 그러고는 흩어지고 없었던 거죠. 그 군청에서도 그러고, 그 저기 군청장이랑[군수랑] 오잖아요. 최고 책임자들이 와도 정부에서 그리 지침이 없는데 이 사람들이 할 수 있는 건 그냥 체육관 내주고, 자원봉사자들 오면 그 관리 아닌 관리해 주고, 그거밖엔 없었던 거죠. 아무도 책임지는 사람이 없었어요. 근데 그런 상황일 거라고는 상상이나 했겠어요, 저희가? 이제 이런 상태에 있어서는 국가 재난 컨트롤 타워가 작동을 당연히 할 거라고 생각을 하고 있었고….

저희가 특별, 그 뭐냐 저기 음 세월호 특조위가 있었잖아요. 밝혀낸 내용, 그거 이렇게 죽 특조위 활동을 하면서도 보면, '컨트롤 타워가 없었다', 이것은 구조를 떠나서 '이걸 관리해서 참사 후에 어떻게 하겠다'라는 매뉴얼 자체도 아예 없었고, 만들어가는 상황이었고, 우리한테 그걸 싹 전달도 안 해줬고, 심리 지원에 대한 컨트롤 타워도 없었어요. 그니까 이런 참사가 있을 때마다 그냥 묻어두고, 오히려 저희가 처음이라고 보시면 돼요.

그것도 이거 국가에서 해주는 게 아니고 국민들이 나서서, 저희가 나서서 이 매뉴얼을 만들어가고 있는 상황…. 이 트라우마 센터도 정부에서 돈은 받지만 이것을 어떻게 운영하고에 대한 컨트롤 타워가 없었어요. 그 국무조정실에서 지금 요 부서를 만들었단 말예요, 세월호 참사 이후에 만든 거예요. 지금 지원하고 있는 이 사람들이 그때 만들어서 지원하고 있고, 완전 행정적인 지원밖에는 안 되죠.

그리고 여기 오는 지금 이 온마음센터가 트라우마 센터거든요. 여기 직원들을 뽑았어. 트라우마 센터에서 관리해야 되는 가족들, 그런 차원에서 뽑은 거예요. 뽑아서 지원하는 건 지금 여기서 어찌어찌하고 있는데 가족들이 굉장히 탐탁지 않게 생각하죠. 왜냐하면 국가 지원 당연히 받아야 되는 건데, 국가가 우리에게 국가 폭력 어떻게 했는지를 아니까 "지금 심리 치료가 문제가 아니다. 진상 규명하는 데에 더 포커스를 맞춰라", 이렇게 했는데 근데 시간이 지나면서 필요한 부분이잖아요. 그 역할을 하고 있는데 좋은 시선으로 이렇게 많이 가족들이 참여를 안 하죠.

왜냐하면 국가에서 처음부터 이 피해 당사자들에게 이런 피해, 다른 건 몰라도 피해 지원에 있어서 정말 죄송하다는 그런 마음이 전해졌으면 괜찮은데, 그냥 단순한 지원 단체인 거예요. 우리가 그냥 구조도 이런 식으로 해달라고 해가지고 구조 방법들이 나오고 했듯이, 이 지원도 "이거 해달라" 해서 이거 해주고 "저거 해달라" 해서 저거 해주고 그런 식으로 해서 자리를 잡아온 게 지금까지의 상황인 거죠. 그래서 같이 근무하는 여기 공무원들, 준공무원이잖아요, 지금. 완전 공무원들도 아닌데, 이 사람들도 어째 보면 중간에서 굉장히 힘들어하죠. 가족들은 가족들대로 그….

면담자　　조금 이렇게 달갑게 생각하지 않으니까요.

재욱 엄마　　예. 그런 에너지가 있어서 가족들하고 소통은 해야 되겠고, 국가에서는 행정적으로 지원에 있어서 이런 부분을 올리면 "이건 안 돼", "저건 안 돼", 이런 식으로 막 그 컨트롤 아닌 그런 게 있거든요. 그래서 너무 행정적으로 대하는 거 있죠. "가족들이 원하는 거 이건 돼", 그리고 알차지가 않은 거죠. 지원에 대한 지금까지의 프로그램이라든지 무슨 그게 없었으니깐요, 그 매뉴얼 같은 게 없었으니까.

'지금 이 시기에는 뭐가 필요하고, 1년 됐는데, 2년 됐는데, 어떤 상황들이 벌어질 건데, 이것들이[을] 어떻게 지원해야 된다'라는 것을 지금 만들어가고 있는 거예요. 해외 사례를 중심으로, 국내 사례가 없는 거죠. 오히려 올해 말이었어요. 12월에 대구 지하철 참사 지금 10년인가요? 그들이 여기 트라우마 센터 와가지고, 세월호 너무 잘하고 있는 거 같은데 자문을 구해가고 그런 상황이라니깐요.

면담자   아, 그래요?

재욱 엄마   그니간 이제 5·18재단이 지금 30년, 재단을 만들어서 하고 있잖아요.

면담자   예, 거기도 트라우마 센터가 있는 것으로 알고 있어요.

재욱 엄마   예, 있는데, 저희도 이제 거기를 방문을 하고 이렇게 치료해서 가는데, 이제 그들이 나와 있는 데이터들이 있죠. 그럼 그걸 참고를 해서 우리는 우리 것들로 이렇게 만들어가는….

면담자   상황이 다르니까 또….

재욱 엄마   예, 다르니까. 집단으로 저희가 이제 상황을, 사고를 당했기 때문에 오히려 5·18보다는 좀 더 이렇게 집중적일 수는 있어요. 그럼에도 불구하고 너무나 음…, 말도 안 되는 상황이에요.

면담자   그러면 담당 부처가 어딥니까?

재욱 엄마   국무조정실. 여기는 보건복지부죠, 그리고 경기도, 안산시. 첫해에는 안산시에서 보건복지부랑 이렇게 예산을 받아서 했는데.

면담자   이게 트라우마 센터라서 보건복지부 예산으로 하는 거군요?

재욱 엄마　　　예, 트라우마, 그렇죠, 그렇게 된 거죠. 그리고 국무조
정실은 따로 있어서 지원 그런 것들은 따로 하고 있고, 해수부는 이제
인양 관할하고 있는 거고, 지금은 트라우마 센터는 경기도로 넘어갔
어요. 안산시에서 첫해 하고, 경기도에서 인제 작년하고 올해 복지부
에서 예산 받아서 하고.

7
참사 직후 대통령과 정치권 행보

면담자　　　진도체육관에 계셨을 때 대통령이 방문했지 않습니까?
그때 거기에 계셨던 겁니까?

재욱 엄마　　　있었어요. 뭐, 대통령이 온다, 이틀째, 이틀째 맞죠? (면
담자 : 예, 예) 온다 하니까 대통령이 이걸 해결, 해결이라기보다는 이
제 상황을…. 그리고 첫날 왔어야 되는 거 아니에요? 전 그렇게 생각
하거든요?

면담자　　　그렇죠. 예, 예.

재욱 엄마　　　음, 그때 박순자 의원이 있었어요, 안산의. 박순자가 그
땐 이제 떨어지고 이제 비선으로 있었는데, 인제 자기 그 동네 그 아
파트에 애들이 세 명이나 사고가 나서 이제 내려오고 같이 있었는데,
걔가 친박이 아니고 비박이거든요.

면담자   아, 새누리당.

재욱 엄마   예, 새누리당 비박이었어요. 인제 대통령이 온다 하니
정치 행보를 하더라고, 피하기도 하고. 근데 현 의원이, 현 국회의원
이었으면 자기가 움직였을 텐데 그런 것도 [하지 못했고]. 근데 이 서청
원 이쪽으로 해서 라인을 통해서 이 구조가 어떻게 되냐 알아도 보고
하는데, 그쪽도 별 니주구리 짬뽕[엉망진창]이었어요, 제가 보기에는.
근데 이제 우리한테는 같이 인제 팽목에 앉아서, 같이 담요 뒤집어쓰
고 인제 "어떻게 하면 좋겠냐" 막 이야기도 하고 하는데 답이 없는 거
죠, 지도. 이제 막 알아보고 빨리 구조를 위해서 뭘 지원을 해야 되고
하는데, 없는 거죠. 이거 남경필이니 이런 사람들 내려오면 뭐 하냐고
요. 안철수랑 이런 사람들 내려오면 뭐 하냐고. 어떻게 됐냐 상황 파
악도 안 되고 지원 안 되고, 자기도 연락해 볼 데는 다 해보는데 답이
없는 거죠. 그러니까 우리 앞에서 말도 못 하고 그냥 옆에만 있는 거
예요. 그러고 한 달이나 있었을 거예요. 그런 상황이었고, 그냥 생지
옥이었어요, 생지옥.

그러고 그다음 날 "대통령이 온다"라고 해서, "팽목을 들렀다 온
다"니 "여기 들렀다가 팽목을 간다"니 그런 얘기가 있었는데, 일단은
"대통령이 와서 우리 얘기를 들어달라" 해서 왔어요. 와서 엄청 길잖
아요, 그 동선에 대통령이 오니까. 인제 보좌진들이 이렇게, 인제 폭
동 일어날 거 같으니까 보좌진들이 이렇게 해서 무대에 세웠어요. 그
러고 인제 해수부 장관이니 이주영이니 나쁜 놈의 새끼들 옆에 서서
"최선을 다하겠습니다"라고 이야기[하고], 대통령[은] 그때까지 상황 파
악을 못 하고 있었던 거 같아요. 음, 그러고 나서 그 상황들이 연출이

되고 있었고….

지금 그니까 빛나라 엄마가 그래, "지금 애들한테", 이틀째였으니까 "애들이 살아 있다, 그 에어포켓이 있다" 그러면서 "지금 이렇게 문자를 보내오고 있다. '어디 어디 어디 있으니까 구조해 달라' 이런 문자가 오고 있다"고 대통령 앞에서 이렇게 얘기를 했어요. 그리고 지성이 아빠가 [이야기하니까] "언제든지 찾아와라" [그러더라구요]. 그니까 [지성이 아빠가] "내가 전화하면 대통령이 밤에라도 받아주겠냐" [하고 물었더니] "언제든지 전화해라"라고 이야기를, 약속을 받았었고, 그러고 나서 그냥 쇼하고 내려간 거예요, 제가 보기에는. 그러고 나서 해준 게 뭐, "요구하는 게 뭐냐" [하길래] 저 우선 저 그 구조하는 거, 그다음에 "현장을 생중계 할 수 있게 CCTV 달아달라", 그리고 "텔레비전 설치해 달라"[고 했어요]. 가고 나서, 그러고 쌩 갔어요, 그러고 나서….

면담자   안 달아줬죠? 결국은.

재욱 엄마   아뇨, 아뇨. 그러고 나서 저녁에 인제 [텔레비전을] 설치하느라고 설치를 뚝딱뚝딱, 해가 아침에 [뜨고] 이제 그게 막 완성이 된 거 같아요.

면담자   CCTV는?

재욱 엄마   CCTV는 안 달아줬죠. 그 저 CCTV가 달려서 그 현장에, 이렇게 [현장 상황 영상이] 오고 있다고 생각을 했는데, 화면만 계속 돌아가고 있었다는 거죠. 그게 현장 상황이라고 보여줬던 것 같아요. 그러다가 어느 순간 뉴스로 바뀌었죠. 인제 그 방송으로 바뀐 거예요. 처음에는 이제 그 현장 상황이라고 계속 이렇게 보여주다가, 그런 것 같아요, 정확하게 기억은 안 나는데 그랬었어요. 그게 이제 LED 화면이 처음에는 몇 개짜리였었거든요. 그러다가 나중에는 한 통으로 보여줬나? 하여튼 그랬던 거 같애. 큰 대형 화면이 만들어지고 그랬죠.

면담자　　　얼마 전에 세월호 당일 7시간에 대해서 발표했지 않습니까? 그것에 대해서는 어찌 생각하시는지요?

재욱 엄마　　　그 정황이 안 맞는 거죠. 짜깁기를 했는데 짜깁기가 안 맞는 거죠. 그니까 거짓말을 하고 싶어도 명확하지 않으니 거짓말을 할 수가 없는 거예요. 그런 10시 몇 분에 오보라고 그 저기 뜨지 않았나요? 오전에 오보라고 떴[지요]. 그 저희가 내려가면서 들었으니까, 10시 40분은 더 된 거 같애. 왜냐면 제가 이제 거기서, 제가 그 얘기를 듣고 안산에 와서 내려가고 있는 상황에서 들은 거니까. 하여튼 10시에서 12시 고 사이에 텔레비전에, 그니까 저거 텔레비전 화면이 있잖아요, 그걸 틀어놓고 갔으니까.

　　　하여튼 저는 대통령이 하는 말은 다 거짓말, 진짜는 하나도 없는 거예요, 왜냐면 처음부터 거짓말을 제가 봤기 때문에. 그 5월 달인가 가족들 불러서 갔었잖아요? 걔가 다 해준다고 이야기를 분명히 했거든요, 수첩공주. 그랬기 때문에 믿었죠. 근데 이제 한 며칠 있다가 확 뒤집었죠? '그거 자체가 거짓말이었다'라는 것을 (한숨을 쉬며) 몰랐죠, 그때는. 정말 바보 같았어.

면담자　　　초기에는 그래도 대통령에게 기대가 있었네요?

재욱 엄마　　　기대했죠. 그리고 저기 5월 가족들 만날 때까지 선거 끝나기 전까지는 그래도 '어떤 식으로든 해주겠지', 그렇게 생각을 하고 있었죠. 여기 부모들 중에도 보수가 많거든요. 그래도 박근혠데 믿어야 되니 이랬었는데 지금 다들 후회를 하죠. "박근혜 찍은 사람들 전부 손목 잘라라", 그러고 있잖아요. 믿음이 있었죠, 정부에 대한 믿음이었죠. 근데 이렇게까지 지저분하고 더럽고 너저분할 줄은 정말 몰랐죠. 그게 더 용서가 안 되는 거예요, 그런 더러움 속에 우리 아이들이 희생됐다는 것이. 이 순수한, 이 맑은 영혼들이 그 더러운 것에, 이렇게 더러운 똥탕에 이용된 거잖아요. 그걸 용서할 수 없는 거죠, 다른 건 다 몰라도 아이들을 건드렸다는 거. 이거는 대한민국이거든요, 아이들은 미래라는 거죠. 이 아이들이 잘 살고 못 살고는 나중 문제예요. 이 아이들은 대한민국의 미래란 말이에요. 이런 미래를 지네들 마음대로 그렇게 음, 그 그림이 그려질 거라고 생각했는진 모르겠어요, 미래를 이렇게 송두리째 빼앗았다는 거에 대한, 용서할 수 없는 거, 절대 용서할 수 없고요. 그건 내 양심이 허락을 안 해요, 죽을 때까지. 그건 용서하면 안 되는 거지. 어떻게든 책임자를 처벌해야 되고, 능지처참 발언했다가 많이 곤란했잖아요. 제가 당사잔데, 능지처참시켜야 돼요, 이것은.

그리고 만약에 이게 이상하게 꼬여가지고 지가 자살을 당할 수도 있어요. 지는 자살당하지 않으리란 보장을 어떻게 해, 박근혜를. 〈비공개〉 절대로 용서할 수 없는 거예요. 이건 정황이 아니거든요. 왜냐하면 우리가 이야기하는 사회정의를 위해서라도, 잘못된 건 방점을 저는 찍어야 된다고 생각해요. 이렇게 양심이 있어서, 올바른 게 있거든요. 올바른 걸, 이상하게 바르지 않은 것을 올바르게 만드는, 비상식을 상식으로 만들어가는 이런 건, 물론 우리가 인간인지라 이렇게 그 제도를 만들어가는 상황이잖아요. 근데 그냥 사람이라면 동물이 아니기 때문에 인간이라면 기본적으로 가지고 있는 양심, 올바른 게 있어요. 그런 올바름에서 이렇게 빗나가는 것은 용서할 수 없다는 거죠. 이게 인간의 마음인 것 같아요. 이게 그냥 모성이고요, 이게 모성이랑 인간애라고 생각하거든요. 인류학, 가장 근본이라고 생각을 하고….

그 바른정당 지금 나왔는데, 아주 웃긴 놈들이죠. 세월호 진상 규명을 반대하면서, 그 반대한 세력들이 무슨 '바른'정당이라는, '바른'이라는 말을 입에 올릴 수 있어요? 그놈이 그놈인데? 하태경이 그 얼마나 방해 많이 했어요? 세월호 진상 규명은 방해를 해. 근데 지금 그 뭐야 저기 걔가 이번 특검, 아니 뭐지? 그 청문회 했잖아요. 그걸 그렇게 청문회 하면서 그렇게 피를 튀기면서 양심이 되는지 참 의심스럽더라니깐요? 그 진정성을 떠나서 조삼모사 하고 있는 그 모습을 볼 때, '저게 인간인가' 하는 생각도 들거든요, 사실은. 그 저기 뭐야 청문회에서 그렇게 막 그 밝혀내는 거는 뭐 해요? "최순실이 잘못됐다. 이거 잘못됐다", 정의를 파고들다 보면 세월호가 나올 텐데, 세월호가 나오면 "아, 그건 됐고" 그렇게 얘기를 할 건가? 그게 바른정당 사람들이 개과천선을 할 수 있을까요, 과연? 이들은 반대할 거거든요. 두고 보세요. 그러면서 무슨 진정성을 이야기하나, 안 믿는 거지. 믿을 수가 없는 거예요. 그리고 그건 올바른 거예요. 상식선에서, 딱 중간에서 생각해 보면 나와요, 답이. 어떤 정당을 폄하하자는 게 아니고, 정당이 진정성이라는 게 있잖아요. 바르긴 뭘 발러, 바른정당이란 이름 쓰는 거 자체가 부끄러운 건데. 그 [새누리당 같은] 정당에 버금가는 그런 정당에, 그 뭐야 저기 정체성이 있어야 되는 거죠. 전 그렇게 생각해요, 국민들이 바보가 아니거든.

8
참사 직후 유가족 회의

면담자   꽤 오래 진행을 했는데, 괜찮으시겠어요?

재욱 엄마   괜찮아요, 전 괜찮아요.

면담자   아, 예. 그러면 저기 진도에 있을 때 처음에 전체가 모였다가 반별로 모였다고 하셨잖아요? 그때 모였을 때 회의 주제 같은 게 어떤 게 있었는지요?

재욱 엄마   음, 누가 누군지 모르니까 일단은 인제 (면담자 : 반별로) 예, "반별로 이렇게 모여" 이러면 인제 군데군데 모여서 내용을 이렇게 했어요. 지금 결정해야 되는 거, "에어포켓 있다는데 여기다가 이 에어포켓을[공기를] 넣을 것이냐 말 것인가", 왜냐하면 그것을 넣으면 장단점 이런 게 있는데, [이게] 무슨 소리냐 [하면], 그때 3일쯤 됐을 때는 아이들이, 이틀째까진 희망이 있었잖아요 그래도, "누가 될지 몰라도 한 놈이라도 그 에어포켓에 있다면 그 아일 구해야 되지 않겠냐", 이제 그래서 그거 넣을 것이냐 말 것이냐, 이런 거 결정. 그담에 인제 그 잠수사들이 이렇게 줄을 타고 내려가는데 촬영을 할 건지 말 건지, 수중 촬영을 해야 되는지 말아야 되는지 그런 것들 결정하고 그런 거 논의하고 그랬었죠.

면담자   그러니까 반별로 의견을 모은 다음에….

재욱 엄마   반별로 하고, "대표들 모여" 해가지고 이렇게 이야기하고…. 그 처음에 그 대표도요, 다 모였을 때 대표 뽑는 것도 부모가 돼야 되잖아요. 첨엔 누가 누군지 몰라서 삼촌이 했다가 또 누가 했다가 막 그랬는데, 그 사람들이 인제 또 살짝 이상한 가짜가 있어 가지고, "내가 삼촌이라고 이야기를 해라"라고 해가지고 자기가 대표를, 아니 그런 이상한 사람들이 있더라니까요. 그래가 나중엔 이제 들켰어.

면담자   원래는 뭐 하는 사람들이에요? 친척?

재욱 엄마   그냥 친인척인데 동네에 동네 반장하는 사람이었어요. 동네에 무슨 주민자치위원회 위원장 이런 사람이 와가지고.

면담자   그럼 가족이 아니네요?

재욱 엄마   가족 아니죠. 그런 사람이 이제 설치고 다니고 그래 가지고 그 사람 소송을 걸어놓고 그런 상황도 되고요. 근데 그 사람도 자료를 가지고 있는 게 있어요, 애들 수중 촬영한 자료를. 그때 공개를 한다고 해서 공개를 이렇게…. 촬영한 게, "촬영해야 되냐 말아야 되냐" [하다가] "촬영해 와라" [하고] 그 잠수사한테 이야기해서, 잠수사하고 그 이제 기자[가], 그 뭔지 모르겠어요, 그때는 몰랐으니까, [촬영을] 해서 왔는데, 그걸 두 개의 영상 자료가 있었단 말이에요. 하나는 그냥 주구장창 줄 타고 내려가는 거, 그것만 찍은 [거라고 공개를 한] 거고, 나중엔 그 안에 촬영한 게 있는데 그걸 안 틀어주고 그걸 애가 갖고 도망을 가버렸어요. (면담자 : 어우, 그래요?) 응, 그걸 우리가 결국 못 봤지. 근데 '이걸 가지고 있을 것이다, 이 대표가'라고 생각하고 있는 거지요], 그때 대표를 했던 사람이니까.

면담자　　　대표한테 그걸 맡긴 겁니까?

재욱 엄마　　아니 대표가 이제, 우리가 이야길 해서 그 대표하고 그
촬영을 한다는 사람하고 가서 같이 촬영을 해 와서 받았다고 했어요.
그래서 발표를 한다고 [영상을] 트는데 도망간 거죠. 하나는 틀고 하나
는 가지고 도망가 버린 거예요, 그 기자가, 촬영한 기자가.

　　근데 그걸 보여주면 안 되는 상황이었을 수도 있죠. 왜냐하면 그
배 안에 촬영을 했기 때문에 그 안의 상황을 촬영한 게 있을 거 아니
에요. 그러면 아이들 시신이 떠 있고 그런 것도 촬영이 됐을 수 있단
말이죠. 근데 그런 건 모르겠어, 차마 발표하면 안 될, 제 느낌은 그래
요, 그래서 그런 건지 아니면 별게 없었던지. 그래서 하나는 촬영된
걸 보여준 게 계속 그냥 줄, 그때 내려가려면 줄이 있어야 돼서 잠수
사들이 그걸 잡고 내려가는데 그것만 촬영한 것만 보여줬어요. 아무
것도 본 게 없는 거죠. 그런 상황들이 있었고….

면담자　　　내부를 찍은 영상이 있는 거네요, 지금.

재욱 엄마　　그니까 그 하나의 영상이 발표가 안 된 거죠. 그게 지금
사라진 거죠, 누가 가지고 있을 거란 생각은 하는데. 지금 생각해 보
면 그때 상황엔 그게 정말 중요했어요, 왜냐면 그 왜 수습을 하고 있
는 과정이었기 때문에. 그건 저희가 [진도대교로 걸어] 가기 전이었어
요. 저기에 건는다고, 5일째 [되는 날] 걸었잖아요, 5일째. 진도대교를
건기 전이었던 거 같애. 3일째, 4일째, 요런 상황이었던 것 같은데. 그
래서 그때는 그게 중요했죠. 아이들이 어떻게 있는지, 살아 있는지 죽

었는지 그게 정말 중요한 상황이었죠. 근데 지금은 그게 그냥 자료로만 남아 있겠죠. 근데 누가 가지고 있는지 알 수 없는 거 같아요.

면담자　　아직도 못 찾은 거네요? (재욱 엄마 : 응, 안 나온 거죠) 그 사람을 아직 (재욱 엄마 : 못 찾은 거죠) 못 찾은 거네요.

재욱 엄마　　이 사람이 아마…, 국정원이 사찰을 많이 했거든요. 이 사람한테도, 대표라는 이 사람한테도, 그러니까 기자가 있고 대표가 있는데, 대표하고 기자하고가 이제 둘이서 이걸 이 기자가 촬영하고 오면 대표가 따라간다고 했나? 그래서 그걸, 영상을 가지고 있는데 하나는 대표한테 주고, 하나는 이 기자가 가지고 있는데 안 보여주고 도망을 간 거죠. 그니깐 이 사람이 가지고 있는지, 가지고 있는데 안 보여준 건지 그건 알 수 없죠. "없다"라고 하고, "도망갔다"라고 우리한테 얘기했으니까. 그때 마이크 잡고 공개적으로 했었거든요.

음, 그런 상황에서 그건 볼 수가 없는, 지금도 볼 수는 없죠. 그래서 이 사람을 족치면 뭔가 나올 것 같은데 이 사람도 국정원 일, 안산에 있는데 국정원이나 이런 데에 그걸 받은 것 같애, 사주를. 이렇게 아니면 협박을 받았든지 그럴 수도 있는 거죠. 자기 목숨값으로 가지고 있을 수도 있죠. 그건 알 수 없는 거예요. 지금도 만나면 알 수 있는데, 그 어디 있다고는 하는데 만나거나 그러진 않죠. 그 사람이 가족을 사칭한 게 있어서 저희가 그 재판할 때 이렇게 저기 뭐, 그 뭐라 그러죠? (면담자 : 고소?) 예, 고소, 그걸 해놓은 상태입니다. 그런 것도 있어요.

재욱 엄마 홍영미

9

구술증언 사업 참여 동기

면담자   예, 알겠습니다. 제가 앞부분에서 빼먹고 여쭙지 않은 것이 있어서, 순서는 맞지 않지만 한 가지 추가로 여쭙고 이어가도록 하겠습니다. 어머니, 구술증언 사업에 참여하게 된 동기는 무엇이었어요?

재욱 엄마   저는 역사 교과서에 이 세월호 사건이 조명이 돼야 된다고 생각을 해요. 5000년 역사에 우리의 현실을 그대로, 21세기의 현실을 적나라하게 드러내는 사건이기 때문에, 6·25전쟁이나 동학혁명이나 임진왜란이나 물론 그런 사건들처럼 이렇게 조명이 될 수 있는 사건 중에 하나가 21세기에 우리 눈앞에 턱 드러난 거잖아요.

근데 여기에서 많은 그 참사를 떠나서 많은 사건이나 그런 역사의 그 아픔을 통해서 우리가 [얻는] 교훈이라는 게 있잖아요. 6·25를 통해서 '다시는 이런 민족의 그런 전쟁이 있으면 안 되겠다, 민족 전쟁이 있으면 안 되겠다', 그런 교훈을 우리한테 심어줘서 그 정신을 가지고 지금 우리가 살고 있는 거고, 그 아픔이 아직까지도 전해지고 있는 거잖아요. 그런 교훈을 얻듯이, 21세기 생명, 생명을 갖고 장난친, 인간 존엄에 [대한] 도전이라고 해야 하나, 도전을 한 사건이라고 해야 하나요? 만들어진 이 학살…, 저는 학살이라고 생각을 하거든요.

이 학살이 왜 지금 우리가 [사는] 이 시대에 있을 수밖에 없었는가에 대해서 '이건 반드시 교훈 삼아서 다시는 이런 일이 없어야 된다'라고 생각을 하기 때문에 이런 증언이라든지, 지금 우리가 살아 있을 때, 살아 있는 생생한 증언이잖아요. '이런 것을 후대에 정확하게 알려야 이런 참사가 두 번 다시 반복되지 않는다'라는 그런 사명감? 신념? 같은 게 있는 거죠.

그리고 먼저 가신 분들의 그 희생이 정말로 그냥 희생으로 끝나지 않고 승화될 수 있는 계기가 돼야 된다고 생각을 하거든요. 이게 내 자식이라서가 아니고, 지금 국민들이 많이 참여를 하고 동참을 하고 계시잖아요. 딱 그런 마음들일 거 같아요, 제가 만약에 제 일이 아니더라도 저도 이렇게 싸우고 있을 거고, '만약 이 아이들이 살아 있었다면 이 아이들도 이렇게 움직이지 않았을까, 이 아이들도 정의를 위해서 이렇게 살아 움직이는 역사를 만들어내지 않았을까' 하는 그런 게 있어요. 그래서 염원이에요, 아이들의 염원.

저희가 100일, 200일, 300일 행사를 하면 아이들이 꼭 와요. 부모는 직감적으로 알 수 있거든요. 보이지 않는 세상에 대한 그 느낌이라는 게 있어요. 왜냐면 세포분열로 아이들이, 우리 아이들이 태어났기 때문에 나의 세포가 움직이는, 내가 생각하는 이런 것들이 보이지 않는 세계에서 느낄 수가 있어요. 엄마들이 아이를 보지 않아도 직감적으로 '아이가 위험하다' 아니면 '지금 애가 유치원에서 뭘 하고 있을 것이다', '학교에서 뭘 하고 있을 것이다' [하는] 느낌이라는 게 있거든요, 그런 거랑 똑같다고 보시면 되고. 우리가 우리의 목소리를 내고 정의를 이야기하고 다시는 이런 일이 없어야 된다고 이제 그 왜 항쟁을 하고 그런 상황에서 '아이들이 와 있다'라는 것을 그냥 피부로 느끼듯이, 그런 것을 저희는 간과하면 안 된다고 생각해요. 그 목소리에 귀를 기울여야 한다고 생각하고, 내 목소리를 통해서 대신 조명하고

재욱 엄마 홍영미

있다고 생각하기 때문에, 이런 목소리, 이런 자료들이 반드시 이렇게 기록이 되어서 그 후손들에게 전달될 수 있는 그런 계기가 됐으면 좋겠다는 생각이 들어요. 그래서 그냥 하는 거예요.

10
증언 기록이 어떻게 사용되었으면 좋겠는가

면담자   그러면 이 증언 기록이 어떻게 사용됐으면 좋겠는지에 관해서도 말씀해 주시죠.

재욱 엄마   이게요, 저는 논문으로, 학술로, 그담에 우리 사회의 교훈을 유치원 교육에까지 정말 세세하게 작게 작게 회자가 돼야 된다고 생각을 해요. 저희가 간담회를 가는 이유가 진실을 알리기 위해서 가는 거지만 이 진실 뒤에는 교훈이라는 게 있어야 되거든요. 그래서 우리 뭐 할 건데? 그 깨달음이 이렇게 실천되는 그런 계기가 돼야 된다고 생각을 하거든요. 그래서 제가 다 내려놓고 다 이렇게 오픈을 할 때 그것을 다 받아들이서 가지고 사회의 전반에 그냥 물 스며들 듯이 다 스며들어서…, 21세기의 혁명 같은 거죠.

저는 21세기 정신, 인간존엄의 정신, 이것이 이렇게 음, 우리가 알고 있는 거지만, '이게 운동처럼 퍼져나갔으면 좋겠다'라는, 3·1만세운동 그런 정신처럼, 그 비폭력 저항 정신처럼…. 21세기의 지금 세월호 운동은 뭐냐면 저는 양심선언 운동이라고 생각해요. 양심선언 운동이다, 양심 운동이 아니고요. 세월호 침몰은 대한민국 양심의 침몰이에요. 아시잖아요. 근데 이게 진상 규명이 되는 과정이 너무 아프잖아. 말도 안 되는 과정들이 많잖아요. 일베들도 나타나고 반대파 지금 횃불, 촛불하고 있는데 태극기 부대 나타나고 박사모니 할아버지, 할배들, 어버이연합 이런 분들의 그런 그게, 그니까 동전의 이편이 있으면 저편까지도 다 드러나는 이런 상황들이 다 드러나잖아요. 드러나면서 정화되고 정리되는 단계가 저는 회복이 되는 단계라고 생각을 하거든요.

아니잖아, 우리가 생각하기에 바르지 않잖아요. 잘못된 생각이잖아요. 잘못된 정보를 가지고 자기 아집에 의해서 그렇게 주장하고 있는 거잖아. 그것을 정확하게 바라볼 수 있고 내 양심이 '아, 이게 바른 것이다'라고 정리할 수 있는, 이게 저는 양심선언이라고 보거든요. 지금 특검이니 저 청문회를 통해서 정말 양심선언 해야 될 사람은 안 하고 있지만, 그래도 드러나는 양심들 있잖아요. 그것을 계기로 엉뚱한 데에서 터졌잖아요. 개돼지 파문 때문에 이것이 드러났지만, 그 개돼지가 갖고 있는 상징성이 또 어마어마하잖아요. 그래서 그 사람들 개돼지가 양심선언 하는 거야. 양심선언 하는 것을 통해서 이렇게 지금 서서히, 서서히 드러나고 있잖아요. 그게 정말 더 가서는 더 드러나겠죠.

최순실이니, 김기춘이니 이런 사람들도 역사 앞에서 요만큼의 양심은 드러내지 않겠어요? 거짓말을 하다가 하다가 보면 그게 양심처럼 엉뚱한 데에서 그 거짓말이 양심이 돼서 터져 나오지 않겠어요, 거짓말을 끝까지 한다손 치면. 그리고 세월호 진상 규명하면서 그 해수부, 그 해경 그 관계자들 그런 사람들 양심선언 안 했거든요. 그들이 양심선언 해내는 그날까지, 그런 과정들이 저는 이 21세기의 운동이라고 생각을 해요. '양심수들이 나옴으로 인해가지고 양심회복 운동이 21세기 우리가 해야 되는 운동이다'[라고 생각해요]. 이미 활동가들이라든지 많은 국민들은 양심선언을 하고 뛰쳐나왔잖아요. 촛불 양심선언이라고 저는 생각하거든요.

그동안 숨어 있던 사람들, 아파서 도망갔던 사람들이 '이건 아닌 거 같애'라고 뛰쳐나왔단 말이에요. 왜냐하면 주인 의식을 갖기 시작한 거죠. '이건 내 문제다', '나의 책임이다'[라고 생각하기 시작한 거죠]. 내가 방관하고 있었기 때문에 이런 문제들이 터졌고, 세월호 사건이 터졌고, 나와 똑같은 이웃이 세월호 유가족들이 이렇게 아파하고 있는 것이고, 그것을 지켜봤단 말야. 핍박받고 이렇게 국가 폭력의 피해를 보고 짓밟히는 모습을 3년 동안 지켜본 거예요. 근데 '이게 올바르지 않다'라는 것을 아는 거죠, 국민들이. 그래서 튀어나온 거예요. 촛불 민심 저는 이렇게 생각하거든, 그게 양심선언인 거죠. 국민적인, 대국민 양심선언이라고 저는 생각하거든요. 이것이 꺼지지 않아야 되고, 진짜로 드러나야 되는 그 이제 뿌리 깊게 박혀 있는 그 잘못된 양심들도 드러나고 해서 제대로 양심선언을 할 수 있는 운동, 이게 21세기 운동이라고 저는 생각해요. 굉장히 의미 있다고 생각하기 때문에 그거 하나 잡고 가족들은 힘을 받고 가는 거예요. 우리한테 남은 게 있겠어요, 사실? 너무 허망하거든요.

지금 우리의 삶은 바람이에요. 가족들의 삶은 바람이거든요. 아직도 구름 위를 그냥 걷고 있어요. 근데 '그럼에도 불구하고', 저희가 가장 잘 쓰는 단어 중에 하나가 '그럼에도 불구하고'[예요]. 남아 있는 동전 뒷면에, 요만큼 남아 있는 그 희망이라는 불씨, 그 희망이라는 양심? 그것이 안 꺼지기를 바라는 간절한 마음, 그것 때문에 나오는 거예요. 이게 어찌 보면은 가짜인 마음일 수도 있어요. 나 이거 필요 없어요, 사실. 나한테는 필요 없어요. 가짜의 마음일 수도 있지만, 그럼에도 불구하고 이게 올바르다고 생각을 하기 때문에 저는 움직이는 거예요. 가족들은 그래서 뚜벅뚜벅 가는 거죠. 그렇게 생각해요.

면담자 예. 세 번째 면담에서 비슷한 질문들이 또 많은데, 오늘 그때 하실 말씀도 많이 해주시는 것 같습니다. 그때 다시 조금 다른 질문으로 제가 여쭤보도록 하겠습니다.

재욱 엄마 그리고 그때 한창 수습할 때요, 홍가혜 씬가? 그 잠수사들이 증언한 거에 대해서, 전 이건 정말 분개하는데, 증언하고 그런 내용들에 대해서 그게 폄훼가 됐잖아요. 그 사람이 거짓말을 한다는 둥, 그리고 그 사람을 사찰을 해가지고 사람이 올바르지 않다는 둥 거짓말쟁이라는 둥 그렇게 폄훼해 내는 이 정부와 국정원의 행태에 대해서 지금 다 드러났잖아요. 근데 이것들은 그게 당연하다고 생각을 하고 그 짓을 계속하고 있는 거잖아요. 그게 올바르지 않은 거거든요, 사실은. 그러면 거기에 대한 이게 올바른 양심을 그들이 하진 않을 것 같아, 못 해, 왜냐하면 한 방향으로 이미 너무 많이 진행돼 왔기 때문에. 그러면 이런 것은 행정이나 제도적인 차원에서 저지할 수밖에 없거든요. 우리 국가가 제대로 된 국가라면 이건 정말로 바꿔놔야 된다는 거죠.

그래서 선거를 잘해야 된다는 둥 하는데 선거 아무리 잘하면 뭐합니까. 선거해서 뽑힌 사람이, 바른정당에서도 대통령이 나왔다고 생각을 해봅시다. 그렇지만 바른정당이 제대로 정책만 펼친다면 국민들이 호응해 주죠. 근데 안 그럴 가능성이 많기 때문에, 이렇게 계속 폄훼하고 갈 가능성이 많기 때문에, 덮어두려고 할 가능성이 많기 때문에, 그리고 자기 이권에만 움직일 가능성이 많은 사람들이 있기 때문에 국민들이 믿지 못하는 거예요. 그 믿음을 국가에서 해주기를 바라고요. '그것을 할 수 있는 국가가, 그담에 리더가 나왔으면 좋겠다'라는 게 국민들의 정말 간절한 바람이거든요.

그리고 그런 상황들, 잠수사들이 엉뚱하게 목숨을 걸고 잠수를 해내서 아이들을 다 데리고 왔다는 [상황을] 우리들은 뻔히 아는데 그것을 다 묻어두고, 정의를 묻어두고 이 사람들 고소, 고발을 하고…. 공우영 잠수사를 [해경이] 고발하고 이런 건요, 진짜 국가 폭력이거든요. 그 국가에서는 해선 안 될 짓이라는 거죠. 그런 거를 용납 못 하는 거예요. 그래서 올바른 것을 국민들은 원하고 있고, 정말로 제대로 양심적으로 일하는 사람들이 대접받을 수 있는 그런 국가관을 만들어달라는 거예요. 그런 국가관은 사실은 우리나라의 철학에서 나오거든요. 국가 철학, 그 있잖아요, 아시잖아요. 딱 우리나라 교육법에 홍익인간, 이화세계 철학, 그게 교육법에도 나와 있고, 우리나라 국민교육헌장인가 나와 있어요.

근데 다 차치하더라도 [교육은] 백년지대계고…. 밥 먹고, 배고프다 하면은 밥을 주면 돼요, 아플 땐 치료하면 돼. 근데 이 정신을, 교육철학을 심어주는 건요, 국가에서 해야 될, 국가관이, 철학이 있어야되는 거거든요. 우리의 훌륭한 홍익철학, 그거 왜 사장시키냐는 거죠. 그래서 저는 교육에서 해야 할 일이 이거라고 생각을 하고, 정신 못

차리는 교육부 장관이 또 제대로 된 사람이 장관을 해야 된다고 생각을 하는 사람 중에 하납니다. 안 하면 나라도 하고 싶어요.

면담자   지금이 전환기 같습니다. 이런 목소리들 제대로 모아서 한번 이렇게 바뀌었으면 좋겠다는 생각을 많이 하게 되는 시기인 것 같습니다.

재욱 엄마   제대로 해야 되는데, 또 안타까운 건 엊그제 뭡니까, 패러디한 '더러운 잠'[마네의 '올랭피아'를 모티브로 박근혜와 최순실을 패러디한 이구영 작가의 작품], 그걸 봐도 각자 바라보는 시각에서는 다른 부분이잖아요. 근데 그걸 근본을 우리는 놓치고 있는 거예요, 제가 보니까 딱 그래요. 그 물론 그렇죠, 여성 폄하, 표현의 자유, 정치, 그럴 수 있어요. 각자 입장에서 이야기를 할 수가 있는 거예요. 그런데 그런 그림이 왜 패러디가 됐는지에 대한 현상을 보면 그 사람이 잘못한 거예요. 결국에는 그런 패러디를 만들어내게끔 했던 그 근본이 잘못됐는데, 그것을 쏙 빼고 자기 이념에 맞춰서 사람들이 해석을 해버리는 거죠.

저는 그런 패러디, 예술가들이 이왕 이렇게 불을 질렀으니까 예술가들이 저는 더 분노해야 된다고 생각하거든요. 핍박받은 것 때문에 지금 광화문에서 그러고 계시잖아요, 농성하고 계시잖아요. 그 말도 안 되는 판사 판결 때문에 헌법재판소 앞에서 그러고 있는 거잖아요, 판사들이. 그러면요 예술가들이요, 저는 '눈에는 눈, 이에는 이'라고 생각을 해요. 핍박받은 것 때문에 그렇게 농성을 하고 있는데, 이 예술 작품의 표현 때문에, 장소의 표현 때문에 지금 이런 식으로 표창원 의원[위의 그림이 전시된 '곧, BYE 展'을 기획함]이 폄하되고 정치적으로 몰리고 있는 이런 상황을, 저는 이걸 더 드러내야 된다고 생각해요.

패러디를 이것만 패러디할 게 아니고요, 더 잔인한 것도 패러디를 해야 한다고 생각해요. 그래서 그들이 양심을 걸고 목숨을 걸고, 공우영 잠수사들이 그렇게 목숨을 걸고 구조한 것을 폄훼를 해서, 물론 법적으로는 해결이 됐지만, 그런 시각으로 조명을 해낸, 그 국가 폭력이 있잖아요, 그렇게 있었듯이 저는 예술가들은요, 정말 강단 있게 "나 도저히 못 참겠다"라고 나왔으면, 저는 거기서 굽히면 안 된다고 생각하거든요. 더 많은 작품들을 패러디해서 더 부각을 시켜서 패닉으로 만들어버려야 된다고 생각하거든요. 사회를 흔드는 것이 아니고 근본을 볼 수 있게 해줘야 된다는 거죠. 여기서 대충대충 물러난다? 그러면 또 기가 꺾이겠죠. 못 이기는 거예요, 기싸움에서 결국에는. 그것을 그림을 만들어냈을 때는 각오를 하고 만들었을 거 아니에요. 어떠한 핍박이 있다손 치더라도, 응? 우리는 모르는 일이잖아요, 살다 보면 어떤 핍박이 들어올지. 그럼에도 불구하고 진정성을 잃으면 안 된다고 생각하고.

전 그럼에도 불구하고 패러디가 좋다, 나쁘다를 떠나서, 제가 보는 시각은 그 근본적으로 그 패러디가 나오게 했던 그 원인이 이제부터 해결이 되면 돼요. 대통령 빨리 탄핵됐으면 그런 문제 안 생겼죠. 지지부진 안 끌었으면, 정말 이렇게 바르게 이게 방향성을 가지고 빨리 해결이 됐다면 그런 문제 안 생기죠. 안 싸우지, 국민들끼리 왜 싸우겠어요. 촛불과 태극기 부대가 안 부딪혔겠죠, 부딪힐 일이 없었겠죠. 왜 그렇게 만들고 있냐는 거지. 그것도 국가 폭력이거든. '급하다, 빠르다', 우리 국민성이 그렇다고 하는데 이런 거에 있어서는 그렇게…. 그냥 하소연하는 거예요(웃음). 할 말은 더 많아요.

면담자 오늘 구술 말씀을 통해 이런 문제들을 어떻게 바라보아야 하는지에 대해 명확하게 지적해 주는 것 같습니다. 그런 점에서 구술증언 사업에 참여해 주서서 감사하구요, 앞으로도 큰 도움이 될 것입니다.

재욱 엄마 언제든지 저희 가족들은 다 내려놓은 사람들이에요. 구술에 동참하는 사람들 다 그럴 거예요. 내 아이 하나 증명해 내자고, 내 삶 증명해 내자고 이런 자리 안 나와요, 너무 아프니까. 근데 신념 같은 게 생겨서 거기 따라 움직이는 거 같아요. 우리끼리도 그렇게 얘기해요(웃음).

면담자 예, 긴 시간 감사드립니다. 그럼 이것으로 1회차 구술 면담은 마치도록 하겠습니다.

2회차

2017년 2월 3일

1   시작 인사말

2   KBS 항의 방문과 기억시 낭송회

3   2014년 5월 국회 농성

4   2014년 6월 특별법 제정 천만 서명운동 및 안
      산 활동

5   국회 농성과 청운동 주민센터 농성

6   2014년 7월 국회 청원 서명지

7   KBS 항의 도보 행진과 안산~광화문 도보 행진

8   안산~팽목항 도보 행진

9   안산~광화문 행진과 삭발

10   일베의 행동과 세월호 피로감

11   2015년 농성 및 시행령 폐기 투쟁

12   2015년 9월부터의 동거차도 활동

13   2015년 10월 교실 존치 교육청 시위

1
시작 인사말

면담자　　본 구술증언은 4·16 참사에 대한 참여자들의 경험과 기억을 기록으로 남김으로써 이후 진상 규명 및 역사 기술에 기여하고자 합니다. 지금부터 홍영미 씨의 증언을 시작하겠습니다. 오늘은 2017년 2월 3일이며, 장소는 안산시 단원구 온마음센터입니다. 면담자는 김태우이며, 촬영자는 김솔입니다.

2
KBS 항의 방문과 기억시 낭송회

면담자　　2014년 5월 8일에서 9일 사이에 KBS 김시곤 보도국장의 세월호 참사 관련 발언이 문제되어 유가족들이 항의 방문을 했었는데 그때 함께하셨었나요?

재욱 엄마　　예, 그랬었죠. 그때 저희가 영정을 들고 가지 않았나요? 항의 방문 하면서 그 영정 들고, 아이들 영정 들고 항의 방문 간 걸로 기억하는데요. 〈비공개〉 (한숨을 쉬며) 그때 대대적으로 영정 들고 갔을 때는 같이 참여하고 그 뒤에 막 집회하고 그렇게 이어졌었고, 보도국장 항의 방문도 가긴 갔었던 거 같아요. 그게 그냥 KBS 안에 들어간 거죠. 그래서 몇 명이 이렇게 발탁돼서 그 안에 들어간 거 같아요. 아, 못 들어가고 그 앞에서 있다가 입구에서 저기 뭐야 변호사님들하고 저희 그때, 제가 임원이었기 때문에 그때 같이, 인제 같이 그 자리에 있었던 걸로 기억해요.

면담자　　어떤 분과 임원이셨어요?

재욱 엄마　　그때 심리생계분과가 있었는데 분과장이 있었고, 그때 제가 팀장 역할을 맡고 있었거든요. 그래서 거기 앞에 그 변호사하고 우리 저기 뭐죠? 각 집행위원장하고 갔었는데 그 앞에서, 입구 그 로비에서 그냥 막혀서 못 들어가고, 그 앞에서 있었나? 들어갔었나? 그래서 몇 명이 들어갔는데….

면담자　　어머니는 안 들어가신 겁니까?

재욱 엄마　　제가 안 들어간 것…, 제가 밖에 있었어요, 대기하고 있고. 결국에는 보도국장이 안 나오고 다른 누군가가 나와서 해명한다고 하고 그리고는 무산이 됐죠. 그러고 나서 그냥 돌아 나왔던 기억이 나요. 자세한 내막은 잘 모르겠네요. 하여튼 그 자리에 있긴 있었어요. 왜냐하면 그 안에서도 저희가 간다고 해서, 그 청와대 가면, 아니 아니, 국회에 가면 들어가는 입구에 패스 찍고 들어가잖아요. 근데 그 자체가 통과가 안 되고, 보안상 통과가 안 되고 이래서, "내려와라, 1시간인가 2시간이든 기다릴게" 이랬는데, 기다렸다가 누군가 내려왔는데 그 사람은 보도국장이 아니었던 거고, 그리고 나선 특별히 진전 없이 그렇게 이렇게 물러났던 기억이 나거든요. 그때 박주민 변호사도 있었고, 다른 변호사들도 다 같이 있었어요.

면담자　　박주민 변호사하고 또 다른 변호사?

재욱 엄마　　네. 그 황변[황필규 변호새도 있었던 거 같아요. 누군진 모르겠는데 있었던 거 같아요. 그래, 그땐 초창기였기 때문에 민변[민주사회를 위한 변호사 모임]들이 같이 움직여 줬었거든요. 정확하게 어떤 분인지는 모르겠는데 그런 분들이 많이 도와주고 그러셨어요.

면담자   지금도 심리생계분과 활동을 하시나요?

재욱 엄마   지금은 이제 심리생계분과장을 맡고 있는 거예요.

면담자   분과장? (재욱 엄마 : 제가 심리생계팀장을 하다가) 아, 팀장 하다가 분과장을 하게 되신 거네요.

재욱 엄마   그니까는 저희가 분과가 이렇게 있잖아요. 집행위가 있고 분과가 이렇게 있는데, 다섯 개 분과에서 분과가 있고 이제 팀원들이 또 한 두세 명이 같이 움직여요. 그땐 팀원으로 활동하다가 1년 후에 다시 이제 제가 대협분과장을 해요. 대외협력분과장을 하다가 다시 한 6개월 후에 총회를 거쳐서 지금은 이제 심계분과장이 된 거죠. 그렇게 해서 이제 활동한 지 1년?

그래서 모든 활동에는 일단 제가 다 참여를 했었어요, 처음부터. 활동하다가 중간에 이제 그만두신 분들, 이렇게 정리가 되잖아요. 근데 저 같은 경우에는 처음부터 계속 활동을 했기 때문에 모든 활동에 거의 다 들어갔어요. 그 피치 못해서 다른 쪽 활동을 하는 것 때문에 이렇게 전체 활동 참여 못 한 케이스는 한두 개 있었어요. 그러니까 헷갈리죠, 너무 많으니까.

면담자   (테이블 위에 있는 기억시 액자를 가리키며) 아까 제가 여쭤보려 했던 이거는….

재욱 엄마   이거는 아, 그 [4·16]기억저장소에서 요즘은 그 기억시 낭송을 하잖아요. 그때 이제 지난주에 재욱이가 했었는데 제가 못 갔어요. 그니까 선생님이 요걸 달고 했다고 예, 그때 단 사진이라고 주셨어요. 그래서 받은 거예요. 다른 특별한 의미가 있는 거는 [아니에요].

면담자   기억시 낭송?

재욱 엄마   기억저장소에서 아이들 기억시 낭송회를 해요, 매주 금요일. 1반부터 이제 한 일곱, 여덟 명 정도? 해가지고 이제 기억시를 시인들이 써서 낭송회를 하는 거죠. 그래서 그때마다 이제 해당되는 부모님들이 가서 직접 낭송하기도 하고, 아이들 추모하는 기념으로 기억 전시관에서 하고 있어요, 계속. 거의 한 1년 가까이 지금 하고 있거든요.

면담자   어떤 시인들이 참여하시나요?

재욱 엄마   이제 왜 아이들에 대한 저희가 『416단원고약전』을 만들었잖아요. 그 아이들 『약전』이 있어요, 학교에서, 교육청에서 만든. 그런 걸 보고 아이들 하나하나를 다 기억하자는 차원에서 이제 그 아이에 대한 피드백을 본인들이 받으시고 시인들이 각자 그 아이들에 맞는 시를 적는 거예요. 아이 일대기라든지 생각들, 그런 것을 감안하셔서 시를 적어서 시를 만든 거죠. 그래서 그걸 발표회를 하는 거고, 그 낭송회를 매주 금요일 날 하고 있어요, 기억저장소에서 지금.

면담자   혹시 나희덕 시인이 참여하지 않으셨습니까?

재욱 엄마   모르겠는데요. 많은 분들이 하시니까 일일이는 모르겠고, 활동들을 많이 하세요, 문학인들이, 시인, 소설가 이런 분들이.

3
2014년 5월 국회 농성

면담자   2014년 5월 27일부터 29일 사이에 국회에서 국정조사 요구하는 2박 3일 농성을 하셨죠.

재욱 엄마   예, 농성은 했는데 국정조사 그거 할 때 농성하면서 왔다 갔다 하신 분이 있고, 그때는 국회[에] 저희가 좌판을 깔거나 그러진 않았잖아요. 국정조사에 참여만 했을걸요?

면담자   예, 그죠. 그다음에 하신 국회 119일간 농성 때 이제….

재욱 엄마   그때 이제 농성 들어간 거고, 국정조사 내용 보고 인제 기가 막히고 그래서 부모들이 많이 힘들어했었죠. 왔다 갔다는 했었어요, 국정조사 그 장소를. 3일 동안 계속 있었나요, 그게? 국정조사 할 때, 그러니까 하루는 가고 하루는 안 가고 그랬을 수 있어요. 제가 한 번은 간 기억이 나거든요.

면담자   예, 가서 어떤 활동을 하셨는지 기억나는 거 있습니까?

재욱 엄마   아니요. 그때 그 참관을 한 거죠. 국정조사 하는 거를 참관은 했던 거 같아요. 그 기억은 그냥 슥 지나가는 기억이에요. 그거는 저희가 특별하게 이렇게 거기서 할 수 없잖아요, 국회에선 무조건 2층에서 방청만 하고 조용히 하라는 그런 상황이었기 때문에, 그런 상황이었던 거 같아요. 정확한 기억은 안 나네요, 그 부분에 있어서는.

4
2014년 6월 특별법 제정 천만 서명운동 및 안산 활동

면담자   그다음에 6월 달에 특별법 제정 천만 서명운동 하시면서 거리 서명 하러 지방에 내려가시고 버스 투어도 하시고 그러셨죠?

재욱 엄마   예. 그때 이제 반별로 "이건 말도 안 된다". 왜 그 국가에서 다 이렇게 진상 규명을 해줄 거라고 생각을 하는데 돌아가는 판세를 보니, 그게 6월이었나요? 그 5월에 대통령이 저희를 초대를 했었잖아요, 다 해줄 거라고. 그것 땜에 믿는 마음도 있었는데 그 이후에 완전히 판세를 이렇게…, 그리고 나서 대통령이 이상하게 완전히 책임이 없다는 식으로 그렇게 발표하고 나서 너무 이상한 거죠.

근데 이제 "이거 제대로 알려지지 않는 것 같다" 해서, 그러면 "진상 규명 특별법을 꼭 만들어야겠다. 특별법 꼭 필요하다" 그래서 특별법 제정을 위해서 가족들이 꼭 움직여야 되는데, 그때는 이렇게 [서명을] 그냥 받기는 힘드니까 "가족들이 직접 나서서 전국을 투어하면서 받자" 해서 직접 나선 거죠. 그래서 저희 각 반별로 누구는 어디, 어디, 어디, 어디 이렇게 특별 서명장을 하는데, 각종 활동가들이 있을 거 아니에요, 그 지역에. 그쪽 연계해서 이렇게 움직였었어요.

면담자   어머님은 어느 쪽으로 가셨어요?

재욱 엄마 저는 부산 갔었고요. (면담자 : 아, 부산) 예, 저희 8반은 부산 갔었어요.

면담자 아, 8반이 다 같이? 반별로 가셨어요?

재욱 엄마 예, 반별로 갔었어요.

면담자 부산에서 어디 특별하게 가신 데가 있습니까?

재욱 엄마 그 어디죠, 역, 부산역. 저희만 간 게 아니라 다른 반들도. 이제 1주마다 10개 반이잖아요? 돌아가면서 했기 때문에 저희도 한 번 가고 다른 반들도 갔을 거예요. 근데 부산역에 저희는 갔었고, 울산도 갔던 거 같아요. 울산 가서 이제 같이 서명전을, 그 좌판을 쫘악 펴서 서명을 하고 "특별법 [서명]받습니다" [하고 외쳤죠]. 그때는 반응이 좋아서 서명들을 잘해주셨어요.

면담자 그랬었군요. 부산에서도 서명에 잘 동참해 주셨군요.

재욱 엄마 예, 누구나 다 해주는 그런 상황에서 서명을 받고 그 한두 번 정도, 반별로 두 번인가 세 번인가 정도 갔었고. 굉장히 힘든 상황이었잖아요. 몸도 마음도 힘든 상황이었는데도 부모들이 흔쾌히 응해줬었고.

그리고 이제 그날 어느 반은 어딜 가고, 어느 반은 어딜 가고 했으니까 "우리는 몇 장 받았다, 우리는 몇 장 받았다" 이런 것들이 인제 살짝의 희망 같은? 에피소드 같은 그런 게 있었고. 그래도 참 결과물이 그렇게 나오니까, 특별법 제정을 해야 한다는 범국민적인 이 동의를 얻어내는 그런 상황이었기 때문에, 그때 부모들이 마음으로 몸으로 굉장히 힘들어했지만 하나의 그냥 희망을 보고 뛰었던 그런 시기였던 거 같아요. 제일 활동적으로 많이 움직였던….

그때는 좀 내부, 그 부모들 간의 그런 내부 분란이라든지 논란이라든지 없었던 상황에서 오로지 한길만 가고 있었었고, 또 미수습자 수습이 계속 이루어지고 있었던 상황이잖아요. 그때는 실종자라고 표현을 했었어요. 예, 그래서 그들 좀 계속, 그 뭐야 수습이 막 이뤄지고 있는 단계였기 때문에 그쪽도 갔어야 됐고, 가족들도 이런 쪽으로 활동을 했어야 됐고…. 여기에 있는 사람들은, 진도를 못 내려가는 상황에 있는 사람들은 거의 다 이런 쪽으로 활동을 했었던 것 같아요.

면담자　　　　그러고 또 이 안산 지역에서 거리 활동 하셨던 이야기 좀 해주세요.

재욱 엄마　　　　아니, 크게 안산에서는 많이 [안 했어요]. 왜냐하면 그때는 외부 활동을, 전국 활동을 막 많이 했죠. 서울, 외부에서 요청이 많았고, 안산은 너무 직격탄을 맞아서 멈춰 있는 상태였어요. 안산시에서 활동은 그렇게 크게 많이는 안 했는데….

안산 시민들은 그 왜 마음은 한곳에 다 모여 있는 상황이었고, 촛불집회 같은 거 하면은 학생들 다 이렇게 모여서 광장에 할 때 촛불시위도 하고 그랬는데, 그 서명전을 계속하긴 했죠, 안산에서도 안 하진 않았고. 근데 이제 크게 크게 움직였던 건 바깥으로 많이 움직였던 상황이었어요. 안산에서도 시민활동가들이 많이 움직였죠, 그 자체 내에서.

국회 농성과 청운동 주민센터 농성

면담자   그다음이 국회 농성 했을 때인데, 국회하고 청운동 주민센터하고 겹쳐가지고 왔다 갔다 하시면서 활동하셨죠?

재욱 엄마   예, 예. 국회 농성 하다가 청운동이 이제 새끼치기를, 그렇죠, 가야 된대서 국회 농성을 하던 와중에 청운동 팀이 그 뭐야 저기 별동부대 해서 갔었어요. '나도 가자' 해서 이제 같이 청운동을 갔었죠.

면담자   어머니께서도 국회 갔다 청운동 갔다 하셨군요? (재욱 엄마 : 예) 그때 국회에서는 어떤 활동을 하셨는지요?

재욱 엄마   제가 이제 그때 임원이었으니까 매일매일 브리핑을 해 주잖아요, "국회에서 무슨 회의가 있었고, 어떻게 진행이 되고 특별법을 하기 위해서 어떻게 협상을 하고 있다" [하고]. 그 협상 주체로 들어가기도 하고, 주로 이제 들어가는 분들은 이제 위원장들, 분과장들하고 해서 많이는 못 들어가니까 대여섯 명 이렇게 꾸려지면 그 팀들이 들어가면 나오고 회의하고···. 그리고 이제 가족들한테 각 반별로 쫙 다 이제 있었으니깐요, 반별로 이렇게 다 브리핑해 주고···. 그리고 우리끼리 의논하고 그런 상황들이 많았죠.

면담자   그럼 그때 유가족 대표가 국회의원들이랑 같이 회의를 하고 다시 돌아와서 가족들하고 또 회의하고 한 거네요.

재욱 엄마   예, 회의하고···. 거의 같이 회의를 했다고 봐야 돼요,

그렇죠. 그러고 나면 이제 세세한, 이해가 안 됐던 세세한 부분들을 다시 또 이야기하고….

하기는 했지만 그 국회 점거 농성이라는 게 전무후무하잖아요. 저희가 처음이었잖아요. 그 정도로 사안이 큰 사안이었는데 그 큰 사안을 지나고 보면, 그 큰 사안을 큰 사안만큼 해결을 못 해냈던 것이 현 정부였거든요, 현 국회였고, 19대 국회. 아, 18대 국회? 19대 국회. 이렇게 그들이 그만큼 힘이 없었죠. 야당이 그만큼 발의를 못 했었고 여당은 진짜 무소불위의 권력을 부리고 있는 상황에서 세월호 뜯기, 없애기였죠, 거의. '세월호 사건은 주목받으면 안 된다'라고 그들은 그렇게 조명을 하고 있었는데 우리는 그걸 모르고 계속 피 튀기며 싸웠던 거죠.

몰랐다기보다는 강력한 저항에, 정말 커다란 벽에 우리는 저항할 수밖에 없는 그런 위치에 있었고…. 이건 사실은 말이 안 되는 거잖아요. 국가가 나서서 해결해 줘야 되는 문제를 완전 정반대로 외국하고 보도하고 해서 '이렇게 재정립되면 안 된다'는 방향으로 갔었기 때문에, 사회적인 그런 걸 다 떠나서라도 '이건 말이 안 된다' 했던 거기 때문에 저희는 무의식적인 저항 같은 거였어요. 가족들은 본능적으로 알잖아요. '이거 이러다가는 정말로 묻혀지겠구나' 이런 위기감, 불안감 같은 것들이 특별법 만들 때부터 있었던 거 같아요.

만드는 그 과정에서 법 하나하나, 왜 수사권, 기소권 당연히 있어야 되는 거잖아요. 근데 그걸 없애기 위해서 그렇게 발악하는 걸 보면서 '아 이거는 정말 길게 갈 수밖에 없는 싸움이고…', 그냥 본능적으로 느낀 거죠. '우리 아이들 죽음이 헛돼버릴 수도 있겠다', 부모로서

94

재욱 엄마 홍영미

의 그런 위기감 같은 거? 그니까 본능 같은 게 작용했던 거 같아요. 그리고 우리가 머리가 좋아 가지고 똑똑했더라면 그렇게 싸우지도 않았을 거고 사실은, 그 본능적으로 했던 것 때문에 지금까지 온 거라고 난 생각을 하고 있죠.

면담자　　국회 농성 할 때 못 들어가게 막은 경우도 있더라고요.

재욱 엄마　　예, 처음에는 이제 들어오게 했잖아요. 근데 이제 정책에 따라서 그게 바뀌더라고요, 정책. 그 막기 시작한 게 왜 막았는 건지는 모르겠는데….

면담자　　그런 계기가 된 일이 있었나요?

재욱 엄마　　계기가 있었는데 정확하게는 모르겠어요. 그니까 특별법 만드는 과정에서 완전히 수사권, 기소권 없애야 되고, 그담에 선거가 한 번 있었나요?

면담자　　그랬죠, 그때.

재욱 엄마　　그러면서 여당[야당]이 참패를 한 그런 상황이 있었을 거예요. 그 정확하게 뭐였는지 모르겠는데, 그 위원장들이 잘 아는데.

면담자　　보궐선건가요?

재욱 엄마　　예, 보궐선거였을 거예요. 그러면서 이제 여당이 우세가 되면서 그 파워를 발휘하는[데] 하루 전과 하루 후가 다른 거예요. 그 전날은 쉽게 들어갔는데 그다음 날은 우리들은 못 들어간다 그렇게 해서 담벼락을 뛰어넘을 수밖에 없는 상황을 만들어버린 거예요. 그래서 뛰어넘었죠, 저항하면서.

이해가 안 됐던 거예요, 저희는. 특별법을 만드는 거에 있어서 완전히 그냥 정책적으로, 그 정책적인 기류에 따라서 이게 진행이 된다는 게 용납할 수가 없었던 거죠. 그래서 더 분개했고 더 큰 벽에, 장벽에 부딪힌 그 답답함이라는 걸 이루 말할 수가 없어요. 국회 들어가서 농성하고 앉아 있는다고 그게, 저희는 그게 고립이었던 거죠. 근데 아무 데도 조명을 안 해줬잖아요. 언론에서 조명을 안 해줬는데, 고립이었어요, 그 국회 농성 자체가. 그 답답한 상황들이 대한민국 국회에서 일어나고 있었던 거죠, 그것도 국회 [본관] 정문[현관 앞]에서.

그리고 또 웃기는 것, 그걸 해결해야 되잖아요, 의식주를. 근데 다 괜찮은데 화장실 가는 문제, 국회 화장실…. 처음에는 그 국회 본관을 화장실 활용할 수 있게 했다가 나중에는 그 문을 차단하고 그담에 인제 바깥에 별관 쪽에 화장실을 사용하게 하고, 식당도 마찬가지고…. 그런 과정들이 그 농성하는 그 기간 동안에 굉장히 호의적이었다가 완전히 반대로 돌아서는 과정까지 저희가 다 경험한 거죠. 농성을 풀 때에는 그땐 저는 청운동에서 활동을 많이 했었던 거 같애요. 그래서 국회 농성 풀고 청운동으로 합류하는 그 상황에서 이제, 나눠져 있는 상태에서 집이 두 개에서 하나로 합쳐지는 그런 상황이었죠.

면담자   국회 있을 때 박근혜 와가지고 지나갔었지 않습니까?

재욱 엄마   그땐 제가 그 자리엔 없었어요. 다른, 청운동에 있었을 거예요. 그땐 나눠져서 활동들을 했었거든요.

면담자   청운동에선 어떤 활동을 하셨습니까?

재욱 엄마   청운동에서도 거기도 농성장이잖아. 그니까 굉장히 환경이 열악하잖아요. 첨에 가서 첫날 비닐, 그때는 저는 국회에 있었나? 그날 비닐 천막 치는 날엔 없었어요. 근데 그다음 날 같이 합류를 했고 거기서 계속 그냥 농성이죠, 한마디로. 청와대에 "우리 얘기 들어달라", "대통령이 좀 나와서 얘기 좀 들어달라", "이게 왜 이렇게 제대로 진행이 안 되냐", "다 해준다고 하지 않았었냐" [하고 외쳤었죠].

근데 안 해줬죠. 기자회견도 많이 하고, 그담에 오는, 일반 시민들 많이 오는 간담회에서 "지금 이렇게 돌아가고 있습니다" 얘기를 하고…. 그래서 처음에는 그렇게 많이 고립이 안 됐었어요. 근데 나중에는 완전히 고립시켜 버렸죠, 바깥에서 지나가면 안보이게끔 차 벽을 쳤고. 청와대 앞쪽으로 저희가 피켓 시위를 이렇게 늘 왔다리 갔다리 [했던] 그때도, 청운동도 안산에 있는 부모님들이 매일 아침에 버스를 타고 왔다가 저녁에 내려가고 이런 상황이 반복됐었어요, 그때는 반, 이런 게 상관이 없었으니까. 왔다 갔다 하는 와중에 거기에 이제 킵(keep)하고 계시는 부모님들이 있잖아요, 안 내려가고 거기서 농성을 그냥 몇 달을 계속 그냥 거기서 먹고 자고 하시는 분들이.

면담자   그것도 돌아가면서 하시는 거 아니었습니까?

재욱 엄마   아니에요. 있는 사람은 있었고, 이제 안산에서 계속 왔다가 갔다가 하는 사람도 있었고. 저는 주로 왔다 갔다 했죠. 왜냐하면 여기 일이 있으니까요. 처음에는 국회하고 청운동하고 이렇게 그 많이 같이 있었[어요]. 초창기에는 거기서 회의도 하고 전체, 일주일에 한 번씩 총회라고 해가지고 가족들이 회의도 했었어요, 일요일마다. 그 회의를, 간부회의를 거기서 했는데, 나중에는 이제 분산되고 하면서 [안산에서] 그 회의를 진행하고…. 왜냐면 분향소가 여기 있잖아요.

분향소하고 그다음에 진도 미수습자 가족들하고 소통도 필요하고 해서, 여기 있는 가족들 때문에 저희는 안산에서 왔다 갔다 했던 상황이었고….

거기 있는 사람들은, 청운동에서는 청와대 쪽으로 피켓 시위 나가고 항의 나가고 그랬던 상황들…. 그리고 많이 부딪혔어요. 거기 갈려고 하면 딱 정했죠. 그 청와대, 그 저기 그 뭐야 저기 경호원들? 그런 사람들이 청와대 안에 경호하는 팀이 다르고 밖에 있는 그 국정원이 아니고 뭐죠, 그 사복경찰들, 관리하는 그게 다르더라고요. 그 호수, 분수대를 중심으로 해가지고 안쪽과 바깥 경호가 달라요. 그래서 바깥 경호원들이 우리가 들어가려고 하면 신분들 다 확인하고, 그렇게 해서 한 명씩 이렇게 들여보내고. 외국인, 중국인 관광객들이 굉장히 그때 많이 관광을 왔었거든요. 근데 그런 사람들은 이렇게 깃대 들고 들어갈 수 있게 하지만 가족들은 철저하게 통제를 하고. 그때 이미 다 틀렸죠. 누가 누구라는 거 다 알고 가족이 누구라는 거 아니까 함부로 못 들어가고 그런 상황들이 비일비재하고, 나중에 분산돼서 이쪽, 처음에는 양쪽으로 막 가족들이 피켓 항의를 가고 했는데 나중에는 그것도 다 차단돼서, 청와대 가는 그쪽은 한쪽만 통해서 가기도 하고, 여러 가지 과정들이 있었어요.

면담자   어디까지 갈 수 있었습니까? 청와대 쪽으로.

재욱 엄마   청와대 앞에 그 분수대[까지는] 1인 시위는 갈 수 있었죠, 한 명씩. 한 명씩 갔다 나오면 한 명씩 들어가고, 그리고 나머지는 차단해서 거기서 청운동 사무소 앞에서 들어가고…. 그리고 그 청운동 그게 있기 전에 우리가 국회 있으면서 그 돌발 항의를 많이 했었어요. 한 두 번 정도 해가지고, 청운동 그 앞에 마주 보는 쪽에 커피숍 있잖아요, 그 옆에 솔밭이 있어요, 거기서 1박 2일 동안 막 항의[농성을 했었어요]. 민주당사 점거하고, 제가 민주당사 점거할 때 갔다 오고 나서, 그 뒤에 한 일주일인가 있다가 청와대 앞에 가야 된대서 이제 그걸 점거하고, 국회 농성 하면서 그 청와대 입구 점거했었던 사건이 하나 있었고···. 또 물러났다가 그 뒤에 청운동 농성장이 생겼던 거죠. 그런 자잘한 과정들이 또 있었네요. 그때그때마다 사안이 있었는데 정확한 사안은 찾아봐야 돼요. 제가 정리해 둔 건 있지만, 그걸 좀 정리해 올 걸 그랬어요.

면담자   그때 여름이어서 많이 더웠겠습니다.

재욱 엄마   덥죠. 근데 농성하긴 좋잖아요, 춥지 않으니까. 깔개 하나만 깔면 되고 (웃으며) 그때 참···.

면담자   볕이 막 직접 내리쬐고 그러진 않았습니까?

재욱 엄마   그땐 이제 차양을 쳤죠. 청운동 앞에 거기는 비 오면 이렇게···, 가자마자 비 오고 그래 가지고 그 비닐 천막 쳤다가, 나중에는 이제 우리 활동가들이 그런 것들은 보조를 정말 잘해주셨어요. "텐트라도 쳐야 되지 않냐" 그래서 몽골 텐트도 쳤다가, 까만 비닐, 여름에 차단해야 되니까 그런 것도 쳤다가, 거의 농성장이라는 게 그렇잖아요.

저희가 또 워낙 인원이 많으니까, 한 번 가면은 4, 50명은 기본이니까요. 그 인원들이 그냥, '우리는 굶어도 좋다' 이거거든요. 밥 안 먹거든요. 농성이라는 게 그렇잖아요, 단식 농성이잖요. 그렇게 하면 이제 엄청난 물품 지원들이, 각자 시민들이 지원들을 해줬어요. 지나가면서도 작게도 갖다주고, 크게는 한 여름에 커피를 늘 이렇게 그 공수해 주셨던 커피 공방 사장님도 청운동 주변이에요, 그런 분들. 그담에 전국 각지에서 이렇게 보내주셨어요. 그때 저희가 추석을 거기서 보냈잖아요, 저 때 추석이니까. 그러면서 너무 가슴 아프지만, 과일이라든지 이런 거 많이 보내주셨고…. 외롭지 않게, "가족들 굶으면 안 된다" 그러면서 챙겨주셨는데, 그런 것들이 다 감사한데 그때는 정신이 없어서 그런 걸 다 일일이 챙길 수가 없었는데, 자체적으로 관리가 필요하니까 엄마들이 나서서 "내가 이것은 맡아서 할게", 그런 식으로 해서 정리를 하고 그랬던 거 같아요. 자생력이 막 생기더라고요.

그때는 농성하는 부모님들, 같이 농성도 하고, 그담에 임원들은 또 이제 전반적인 흐름을, 협상을 해야 하잖아요? 국회랑 협상하고…, [또] 변호사들, 그다음에 활동가들, 사회활동가들 있잖아요, 그런 분들한테 이 운동을 어떻게 이끌어나가야 될지 그런 고민들이 굉장히 많았어요, 매일 회의를 하고 그들이. 4·16연대가 그때 있었잖아요. 특별 4·16 국민대책위[세월호참사 국민대책회의]가 있었잖아요, 그때 4·16연대 만들어지기 전이니까. 국민조사단 그들이 그런 역할을 굉장히 옆에서 많이, 그동안의 경험이 많이 있었던 분들이 그런 역할을 많이 해주셨는데 혼선이 많았죠, 그것도.

"일반 운동으로 저항으로 끌고 갈 거냐", 우린 "아니다", "지금 이게 포커스가 이상하게 가면 안 된다" 그러면서 그런 논의들도 굉장히 많이 했었죠. 그러니까 길게 싸움을 많이 해본 사람들은 이게 긴 싸움이라는 걸 이미 알고 있었고, 아무리 이야길 해도 가족들은 '설마 그럴까? 아니다', 그런 기대감도 있었고요, 사실은. "그렇게 가면 안 된다"는 주장도 있었고, 그렇게 강성으로 움직이는 가족들의 생각이 있었던 반면에 또 이렇게 좀 완화된 생각을 갖고 있는 분들이 있었고, 그 그냥 따라가는 부모들이 있었고, 바라보는 부모들이 있었고…. 근데 이제 집행부가 사실은 그런 역할을 해야 되는 거잖아요.

그러면서 특별법 만들고 그러면서 터졌잖아, 그 "집행부를 와해시켜야 된다", "이들은 강성이다" 이래 가지고 국가에서 대리운전 기사 사건 그거. 그거 저희는 조작이라고 생각하는데, 배 떨어진 거예요, 까마귀 날면서. 그런 과정들을 겪으면서 한풀 꺾이는 과정들도 생겼고…. 집행부가 바뀌고, 집행부의 성향도 바뀌고, 그래도 한 축을 죽같이 이렇게 이끌어왔던 건 맞는 거 같아요. 지금 집행부, 지금까지 고생하셨던 분들, 그런 분들의 역량이 아니었다면 여기까지 오지도 못했을 것 같아요, 그런 생각을 많이…. 지금 와서 돌아봐도 그 참 잘 버텼다고 생각을 해요, 저희는.

면담자　　　청와대 앞에서 농성하신 거 이야기하다 보니까 생각났는데, 어제 법정에서 증언하면서 청와대 외교안보수석 김규현이 골든 타임이 그날 오전 9시 몇 분까지라고 하던데요.

재욱 엄마　　　9시 반? (면담자 : 들으셨죠?) 그렇죠. 거짓말에 거짓말을 엎는 거죠. 짜 맞추려고 하는 그런 느낌이 너무 많이 들어요. 알고 있었는데 그러면 결국 아무것도 안 했다, 이미 골든 타임을 놓쳤기 때문에 상황이 구조해 봐야 소용이 없다는 걸 알고 그런 식으로 대처를 했는데, 그게 아니라고 이야기를 하려고 하니 온갖 거짓말들이 다 나오는 거죠. 10시 반에 해경 통화를 했느니 해수부[에서] 국가안전처장[안

보실장]하고 이야기를 했느니 그런 얘기들은 다 이제 짜 맞춘 느낌이 든다는 거죠. 이미 인지를 하고 있었는데 거짓말을 하는 거죠. 그 상황들을 다 알고 있으면서 결국에는 가족들한테 거짓말을 한 거잖아요. 국민들한테는 거짓말한 거잖아요.

그니까 청와대의 거짓말은 사실은 첫날부터 시작됐고, 구조[가] 그랬고, 그담에 저희가 5일쨴가 "쳐들어간다"라고 했을 때 "청와대까지 갈 필요가 있냐"고 해수부 장관이 저희를 막았던 거, 그런 것부터 시작해서 그 전에 대통령이 이튿날째 와가지고 "모든 구조가 다 원활하게 될 수 있도록 해주겠다" 했는데, 대통령이 가고 나서 아무런 반응이 없는 거예요, 변화가 없는 거야, 그것도 다 거짓말이었다는 거. 한 달 만에 저희를 불러서 "진상 규명 다 할 수 있게 특별법 만들겠다"고 했는데, 한시적으로 보기에는 만들라고 했지만 그 안에 있는 내용들을 보면은 다 진상 규명을 못 하게끔 방해하는 특별법을 만든 결과가 된 거죠. 그니까 대통령의 거짓말은 그때부터 시작됐어요. 제가 그 자리를 갔었기 때문에, 그 면담 자리, 한 달 만에, 5월 10일 날 갔었기 때문에. (면담자 : 청와대요?) 예, 예. 갔었기 때문에 '그가 어떤 표정이었고 어떤 느낌이었다'라는 것은 직감적으로 알죠. 그니까 말도 하기 싫은 대통령인데 '설마 저게 거짓말은 아니겠지'라는, 그런.

면담자   그때까진….

재욱 엄마   예, 그때까진. 믿음은 아니고, 너무 억울하지만 지금 이 억울함을 그래도 지가 진상 규명을 해서, 이 억울함을 씻어줄 거라고 생각을 했었죠. 근데 그렇게, 이렇게까지 할 거라고는 제가 나중에 알고는 그 배신감이라는 건 이루 말할 수가 없는 거죠. 그래서 안 믿는

재욱 엄마 홍영미

거예요. 그런 모든 과정들이 다 거짓이었기 때문에 믿을 수가 없는 거죠. 진짜 "콩으로 메주를 쑨다"고 해도 "아니지, 너는 콩이 아니야" 이렇게 이야기를 해버리는 상황이 돼버린 거죠.

6
2014년 7월 국회 청원 서명지

면담자   그다음에 7월 15일에 국회 청원 서명지 제출한 이야기를 해주시죠.

재욱 엄마   국회 앞에 저희가 가지고 가서 100만 서명 용지, (면담자 : 350만) 예, 350만 그걸 쭉 들고 갔었죠, 저희가. 도보해서 걸어서 가지 않았나요? 저희가 서명지를 세 번을 들고 갔었어요. 국회도 한 번 갔었고, 청와대 앞에도 청운동 앞에서 한 번 갔었고, 거기에 제 생각으론 세 번인가, 두 번인가 세 번이가 정도 갔었거든요. 근데 그때 갈 때 쫙 그 350, 그거를 가지고 저희가 다 준비를 해서 걸어서 시청, 서울 무슨 공원에서, 운동장에서 이렇게 들고 해서 국회까지 갔었죠. 그때가 처음 갔었던 거고, 거기의 과정이야 뭐…. 그걸 어따가 뒀는지 정말 궁금하네요, 서명지를 어디다가 보관을 하고 있는지. 국회에서 그걸 보관하고 있을 텐데.

면담자   아, 국회에다 그걸 제출했으니까 (재욱 엄마 : 그쵸. 원본이 있고 사본이 있고 막 그랬었잖아요, 하여튼) 사본을 가지고 계시지 않습니까?

재욱 엄마   저희가 다 가지고 있죠, 원본을 제출하고. 근데 저는 그런 걸 보면서 '그냥 이게 무슨 이벤튼가' 하는 생각을 너무 많이 했어요. 이게 이벤트가 아니고 진짜 진정성 있는 서명 용지인데, 이걸 국회가 받아들이는 입장이 이게 굉장한 의미가 있는 거잖아요. 우리가 의미 부여하는 만큼 국회 측에선, 정부 측에선 그렇게 의미를 크게 부여하지 않고 받았단 느낌이 막 들었어요. 너무 그때 그 자괴감, 벽 그런 것들이 너무 강했어요. 그니까 너무 힘이 없었던 거죠, 야당 측 국회의원들이.

면담자   어떤 것 때문에 야당 국회의원들이 힘이 없다고 느끼셨습니까?

재욱 엄마   이걸 아무리 청원을 해도, 국민들이 이렇게 갖다 내는데 "아이고, 예" 하면서 버선발로 나와서 받아들여야 되는 게, 사실은 그 국회 측의 쇼라도요, 쇼맨십이라도 해야 되는데, 여당에서는 반응도 없고, 야당 의원들 그렇게 해서 이렇게 보여주기식[으로] 한다 해도 정작 국회에서 그런 힘을 발휘를 못 했잖아요. 특별법이 그래서 제대로 안 만들어졌잖아요. 그들도 노력을 했다고 하지만 제대로 된 노력이 아니었다는 거예요.

그때 하면서도 그런 느낌이 굉장히 들었죠. 그래도 이거라도 해야 되니까, '이 정도로 하는데 니네들이 그래도 안 움직여 줘?' 그런 저항이나 반항의 느낌이 있었던 거죠. 근데 아나나 다를까, 그런 반응들은 우리가 원하는 만큼 반응들은 안 온 거죠, 사실. 국민들이 느끼는 체감온도하고 정치나 행정 하는 사람들의 체감온도는 정말로 격세지감이 있어요. 자괴감이 들 정도였는데, 그걸 그때 그 당시에 굳이 이야길 한다고 좋은 경우가 나올 것도 아니니까 가족들은 그걸 그냥 곱씹으면서 계속 그런 행동들을 했던 것 같아요. 정말 답답했죠. 그 행위 자체가 굉장히 답답한 거잖아요. 처음 해보는 거라 이게 옳은지 그른지, 이거 당연히 해야 되는 건데 우리가 할 수 있는 게…. 왜냐면 사실은 신나[시너] 들고 청와대 뛰어들어 가고 국회 뛰어들어 가는 게 우리의 분노를 표출할 수 있는 방법이었는데 그걸 못 한 거죠. 굉장히 그 신사적이라고 해야 되나요? 온건한 방법으로 저희가 저항을 했던 거죠. 근데 그렇게 할 수밖에 없었고, 할 방법이 없었는데요, 뭐. 칼 들고 칼부림? 누구를 찔러요. 칼을 들고 갔는데 찌를 수 있는 대상이 국가밖에 없잖아요, 근데 그건 근처에 갈 수도 없는 상황이었고. 하여튼 그때는 분노를 표출해야 되는데 표출하는 방법이 그것이었단 거죠. 그러니깐 너무 답답한 거죠. 우리끼리 쳐다보면서도 "우리가 이것밖에 할 게 없어. 이거라도 해", 그런 과정이었던 거죠.

그래서 뚜벅뚜벅 그냥 뭘 해야 될지 모르는데 "이것을 해야 됩니다. 이때는 이것이 필요합니다. 이런 사람이 필요합니다" 그런 자문들이 쭉 들어오잖아요? 거기에 맞춰서 쭉 이렇게 움직였던 거 같아요. 앞서서 뭔가 해보려고 할 수 있는, 저희가 그 혜안이 없었던 거죠. 그리고 '그렇게 할 수 있는 방법들이 과연 있었나' 생각을 해보면 딱히 또 없었던 거 같아요.

힘 있는, 만약에 그것을 진상 규명을 위해서 특별법을 만들어내고 하려면 힘 있는 국회를 우리가 움직여야 하는, 내가 국회의원이 되든지, 법을 발의하든지 그런 파워가 있어야 하는데 그런 힘이 저희는 없고, 저희를 대신할 야당은 너무나 약했고…. 그리고 힘을 실어줘도,

'국민들이 이렇게 움직인다' [할 뿐이니], 국민들이 얼마나 분개했어요. 실어줘도 야당은 그것을 감당해 낼 수 있는 힘이 없었죠. 그래 여당에 부딪쳐 가지고 매일 늘 하는 소리는 타협할·수밖에 없는 이유만을 들이댔던 거고, 그래서 '야당을 안 믿는다', 그럼에도 불구하고 싸워야 될 주체가, 이 사람들이 우리 대신 앞서서 싸워야 되니까 "싸워달라"고 질책도 하고 그랬는데, 그때는 자기 소신껏 신념을 가지고 박주민 의원처럼 싸워줄 만한 의원이 없었던 거죠.

안산에 있는 국회의원들도 많이 있잖아요. 야당 의원들도 있었잖아요. 그들도 처음에는 그렇게 나섰다가 나중에는 협의가 제대로 안 되고 합의가 안 되고 하면서…. 여당 의원, 안산의 그 여당 의원들은 다 마찬가지죠. 그러니까 몸 사리는 거, 파워 못 내는 거, 직격탄을 맞은 안산에 있는 국회의원이 세 명이나 됐어요. '그들도 그렇게 안 움직이는데 과연 그럼 누굴 믿고 할 수 있겠냐'라는 거죠. 굉장히 자괴감이 들더라고요. 내가 차라리 국회의원이 돼서 싸우면 싸웠지, 내가 그런 힘이 없는 거에 대해서 굉장히 힘들었었어요.

면담자   그렇게 여러 가지 활동을 하시면서 벽이 있다는 것을 실감하신 거군요.

재욱 엄마   그러니까 무조건 벽이었어요. 있다는 게 아니고, 처음에는 벽이라는 걸 몰랐는데 나중에는 보이지 않는 권력의 벽, 국가 폭력이라는 것을 그대로 정확하게 바라보게 된 거죠, 가족들은. '이게 폭력이라는 게 달리 폭력이 아니다', 칼로 총으로 때리는 거? 그것도 드러나는 경찰 벽에 막히는 이런 것들은 보이는 폭력이잖아요. 근데 법적으로 통과가 안 되고 특별법이 만들어지는 과정을 통해서 이거는 정말로 보이지 않는 벽, 약자를 보호해 내지 못하는, 국가가 해서는 안 되는 짓을 하고 있는 이 국가 폭력을 우리는 그대로 그냥 몸으로 이 과정을 통해서 받아들인 것을 보게 된 거죠. 근데 '국가는 그럴 수밖에 없다'라는 이건, 그걸 여당 측 입장에서 그런 게 있잖아요. '국가는 이렇게 할 수밖에 없다'라는 그런 걸, 그 뭐라 그러나, 당연한 것처럼 이렇게 폭력을 행사해 왔잖아요. 근데 그거는 정부의 문제거든요. 정부의 정책의 문제기 때문에 바꿔야 된다는 것을 이렇게 피부로 느꼈고, 그래서 저항할 수밖에 없었고, 우리가 싸움닭이 될 수밖에 없었고, 노랑 빨갱이가 될 수밖에 없었던 거예요.

아니 자식이 왜 죽었는지 그 이유를 밝혀달라고 했는데 나중에는 우리가 빨갱이 취급을 당했잖아요. 뭐, 세월호 때문에 경제가 어렵니, 세월호 때문에 국론이 분열되니, 이런 식의 국가 폭력이죠, 그것도. 반대 측, 말도 안 되는 그 어버이연합이니 일베니 이런 비상식적인 사고방식을 가진 국가의 그 국민성, 그런 것들 대두시킴으로써 상식적인 사람들이 패닉에 빠지게 만드는 이런 것들도 보이지 않는 국가 폭력이거든요. 이건 국가의 철학이나 정도가 없기 때문에 저는 생기는 것이라고 생각합니다.

면담자   요즘 보도 나오고 있는 걸 보면, 그게 다 사주해 가지고 나타난 일이라고 봐야 되겠죠.

재욱 엄마   예, 예. 이제 드러나는 거죠. 그때 우린 이미 알고 있었어요. 그냥 현장을 통해서 '에이구 왜 이러지, 말도 안 돼'라고 그때는 그냥 현상으로 느꼈던 거고, 지금은 그것이 증거로 드러나잖아요. '이게 드러날까' 싶었는데 드러나는 거죠. 아주 그거 고무적이라고 생각해요. 이게 우리나라 아직 국민성이 죽지 않았다는 그런, 그런 희망을 지금 이 상황에서 보는 거죠.

그리고 사법권이 얼마나 엉망진창이었어요. 지금 이 국정농단 사태 진행되는 과정에서도 사법권이, 아직도 말도 안 되는 사법권을 가지고 있다는 것을 알지만 그래도 정의가 조금씩 조금씩 밝혀지고 있는 이런 모습을 보면서 숨어 있었던 게, 양심이 같이 밝혀진다고 제가 말씀드렸잖아요. 그런 사법권의 양심이 같이 드러나는 거 같더라고요. 그래서 밑바닥이 더 드러나야 한다고 생각하는 거죠. 잘못된 거, 진짜 잘못되어 있는 것들이 다 드러나야 된다고 생각해요. 거기서 국민들이 선택을 할 수 있는 양심이 나오게끔 하는 게 지금의 우리 또 딱 상황인 거 같거든요.

근데 저희는 그것을 투쟁하는 2년 동안의 기간 동안 피부로 그냥 직격탄을 맞았다고 보시면 돼요. 똥물을 뒤집어쓴 거예요, 한마디로. 그냥 똥물을 뒤집어쓴 거예요, 환자가! 그래서 막 지금 물로도 씻고 뭐로도 씻고 그런 씻고 있는 과정이라고 생각을 해요. 근데 그 똥물을 안 뒤집어써 보신 분들은 정말 모를 거예요. 표현을 하자니 딱 그 말이 맞네요.

면담자　　　최근에 뉴스 같은 걸 보면서 저도 그런 생각을 많이 하게 되더라고요, '얼마나 답답하셨을까…'. 지금은 그래도 조금 알려지고 있으니까요.

재욱 엄마　　　근데 제가 지난번에 말씀드렸잖아요, 위기감. 저희 가족들이 지금은 이제 가만히 관망하는 상태거든요. 그전에는 이제 우리가 활동, '우리가 할 수 있는 모든 걸 다 한다' 이래 가지고 막 활동을 했는데, 시기가 그럴 수도 있고 우리가 굳이 그렇게 발악을 하지 않아도 사회의 저변에서 일어나는 모든 것들이, 우리를 대신하는 것들이 너무 많이 나오는 거죠. 그래서 관망하고 있고, 이것이 잘못 가면 또 언제든지 또 튀어나갈….

면담자　　　지금은 좀 이렇게 조용하게 계시는 거군요?

재욱 엄마　　군이 안 나서도, 굳이 나서면 더 이 어지러운 혼란한 정국에 굳이 긁어 부스럼을 만들 필요는 없는 거죠. 제 느낌은 그렇거든요. 근데 이것이 딱정이만 앉고 있는 상황이면 이 딱정이를 떼내고 환부를 도려내야 되는 상황이 되잖아요. 이 환부를 지금 치유를 하고 있는 과정이기 때문에 어디까지 치유를 하는지 지금 지켜보고 있는 거죠. 근데 정말 도려내야 되는 고름, 그 환부, 중심적인 환부가 드러나지 않고 있잖아요. 거기를 저희는 관망하는 거죠. 그걸 도려내려고 하면 저희가 또 나서야 되겠죠. 저희는 그걸 알아요, 그게 어딘지도 알고. 그게 지금처럼 증거로 드러나지가 않잖아요. 지금 현상이 최순실이가 뭘 했고, 뭘 했고 하듯이 그렇게 드러나질 않았거든요. 근데 더 들어가면 분명히 그 환부의 중심이 있는데, 그가 누구인지는 우리는 본능적으로 알고 있어요. 근데 그가 드러나는 시기는 이제 팩트나 이런 걸로 드러날 게 있겠죠. 우리가 드러낼 수도 있지만 이런 과정들을 죽 겪으면서 자동적으로 드러날 거라고 생각해요.

면담자　　　세월호 7시간을 말씀하시는 겁니까?

재욱 엄마　　예. 7시간도 마찬가지고, 더 깊이 있게 [보면] 이 7시간 세월호 사건이 터질 수밖에 없었던 그 시스템이 있을 거 아니에요. 그 시스템 뒤에 누군가 있을 거라는 거죠. 그렇게 되어버린 상황에서 그게 뿌리가 어딘지는 모르겠는데, 거기까지 갈 수 있도록 저희들은 싸우는 거죠. 저희 특조위나 국민조사위 이런 쪽에서 계속 놓치지 않고 가족들이 이 세월호 진상 규명을 위해서 10년, 20년 싸우겠다고 하는 이유 중에 하나가 그거거든요. 진짜 힘은 거기서 발휘되지 않을까 싶어요. 드러나지 않은 진실을 밝혀내는 거, 그게 저희들이 할 역할이라고 생각해요. 뭔지는 몰라요, 아직까진.

7

KBS 항의 도보 행진과 안산~광화문 도보 행진

면담자　　그때 특별법 제정 촉구하면서 안산에서 광화문까지 도보 행진 하셨죠.

재욱 엄마　　예, 했었죠. 한번은 그냥 걸었고, 제일 먼저 영정을 들고 걸었나요? 들고, 상복을 입고 영정을 들었던 게 처음 도보였고. 그때는 이제 그렇게 가서 KBS인가 저희가 갔었잖아요? 그때가 첫 번째였던 거 같고, 두 번째도 한번 걸었었죠?

면담자　　걸으신 게 안산에서 팽목항 걸으신 것도 있고, 그다음에 안산에서 광화문 걸으신 것도 2015년 4월에 있었고요.

재욱 엄마　　1월에는 팽목을 걸었고요. 4월에는 서울을 걸었을 거예요. 그리고 영정 사진 걸었던 건 2014년일걸요? 처음에 했었던 거. 그렇게 세 번을 걸었어요.

면담자	여기서 아침에 출발하셔서 가지고.
재욱 엄마	지금 진도 얘기하시는 거죠?
면담자	아니요, 안산입니다.
재욱 엄마	아, 안산에서? 아, 세 번째를 얘기하시는 건가?
면담자	첫 번째요.
재욱 엄마	첫 번째, 영정 사진 들고? (한숨을 쉬며) 그니까 그때 영정 사진 들었을 때는 음, KBS를 갔었죠. 그때 말도 안 되게 세월호 진상 규명을 호도했던, 그때 정치인들이 엉뚱한 소리 많이 했었어요. 그 뭐, 뭐지? 어디에 비유를 했더라? 말도 안 되게 교통사고에 비유하고 그런 거에 대해서, 그걸 저기 뭐지 '해명하라'가 아니고 '말이 안 된다' 막 그런 저항의 의미로서 저희가 영정 사진을 들고 움직이니까, 워낙 거기에 진상 규명에 대한 항의가 많았어요, 그 전에. 뭘 해도 안 되고, 뭘 해도 안 되고, 안 해주고 이래 가지고 "마지막 보루로 우리가 영정 사진을 든다. 아니면 아이들 유골이라도 빼가 가자", "유골 너무 심하다. 그럼 이제 영정 사진을 들고 우리가 해야 되고, 그다음은 이제 삭발을 해야 될 수도 있고 그런 건데 일단은 영정 사진을 들고 저항을 하자" 해서 영정 사진을 그 지금 분향소에서 뺐는데 너무 아팠죠. 그 반대하는 부모들도 있었고, 반대하는 부모들도 있었어요, "영정 사진은 함부로 움직이는 게 아니다" [하시면서요]. 근데 그때는···.
면담자	분향소에 있는 영정 사진이요?
재욱 엄마	예, 예. 분향소에 있는 걸 빼가지고 갔었죠.

면담자   그거를 본인들도 힘드시니까 하지 말자고 하신 분들이 계셨군요.

재욱 엄마   그렇죠. 근데 이제 '그게 큰 의미가 있다'라고 우리는 생각을 했고, 가장 큰 저항이라고 생각을 했죠. 그리고 그때는 부모들이 다 함께 움직일 때였기 때문에 "그래도 이걸 해야 된다" 해서, 이제 집행부가 "하자" 해서 한 거예요. 그래서 이제 그걸 안고 도보를 쭉 한 거죠. 그리고 "상복을 입어야 된다. 우리들은 상주다" 그렇게 해서 한 거예요. 그리고 그때가 1박 2일이었죠. 그래서 광명 체육관? 거기서 1박을 하고 그다음 날 서울을 갔고, 그 코스가 어떻게 되나 모르겠다. 그래서 KBS 앞에 갔던 거 같은데요, 그래서 거기서 막혀서….

면담자   7월 달엔 광화문 쪽으로?

재욱 엄마   가는 과정에 있어서 KBS 거기를 한번 점령을 했었어요. 그래서 애들 영정 사진, 예 맞아요, 저 기억나요, 그 도로를 쭉.

면담자   KBS 앞에서 여의도로 갔다가 (재욱 엄마 : 갔다가 청운동 앞에 갔죠) 청운동. 예, 청운동이 그땐 청운동 농성 전이네요, 그때는?

재욱 엄마   전이죠. 그리고 다시 돌아와서 그땐 저희가 주장한 게 뭔지 정확하게 모르겠어요, 저는. 특별법 제정하라고 하기 전이었죠. 특별법 제정하라고 이야기하는 와중이었고, 국회 농성 전이고 그래서 갈 수 있는 최대한 상황이 거기였고, 그래서 다시 영정을 분향소에다가 다시 이렇게, 내려와서 다시 보관을 했었어요.

면담자   내려오실 때는 어떻게 오셨어요?

재욱 엄마　　　버스. 엄청 막, 하여튼 요기 과정들 쭉 적어놓은 게 있는데 고걸 하나 갖고 와서 했으면 더 좋았겠을걸. 근데 그런 과정들을 통해서 많이 힘들고 아팠어요. 근데 그때는 그냥 구름 위에 둥둥 떠 있는 느낌 있잖아요. 이걸 해야 되니까 해야 된다, 이걸 반드시는 모르겠지만 막연하게 해야 된다는 느낌[을] 받았어요. 이거 하지 않으면 우리가 할 게 없었고, 마냥 기다리는 입장이 되었죠. 국가에서는 움직이지 않고, 우리가 반응을 보이지 않으면 아무런 피드백이 없었어요. 우리가 막 울어야, 우는 새끼 젖 하나 더 준다고 그런 반응들이, 우리가 요구하는 대로 반응이 오고, 우리가 항의하는 대로 반응이 왔고. 그러고 그때까지는 그런 게 있었을 거예요, 국가가, 정부가 '니네들이 어디까지 가나 두고 보자', 실컷 저항할 수 있게끔 그냥 툭 던져놓은 거예요.

　　그러다가 1년이 딱 되면서, 그동안에 농간을 했죠. 유가족들이 배상을 원하느니, 많이 원하느니, 그담에 정말 나쁜 것들이 그 뭐야 희생자들, 일베들 이런 애들 시켜가지고 희생자들 명예훼손, 이런 것들 댓글 올리고. 그게 제일 힘들었어요. 아이들 그런 것도 있지만, 형제자매들 이런 것도 호도하면서 뭐, 그담에 생존자 아이들 특혜, "니네들만 특혜받냐", 이런 것들에 대한 댓글들이…. 정말 국정원에서 나쁜 짓 많이 했거든요. 국정원들이 일베들 동원해 가지고 그렇게 하게끔 하고 형제자매들이 상처를 너무 많이 받았어요.

　　근데 부모들이, 그런 상황에 노출돼 있어서 아이들이 있는 부모들은 그런 상황들을 알고 너무 많이 아파했는데, 모르는 부모들도 사실 있거든요. 요기 활동에만 전념하다 보니까는 그런 개인적으로 받는 세세한 상처들은 돌아볼 틈이 없었어요. 근데 한두 명이 아니기 때문에 너무 많기 때문에 그걸 이렇게 관리·감독하고 감당할 수 있는 상황이 아니었거든요. △△라고, 성호 누나가 있는데, 그런 SNS에 나오는 그런 것들 취합하고 정리하는 누나가 있었는데, 걔가 그걸 보면서 트라우마를 너무 많이 입은 거예요, 그 형제자매들이.

걔뿐만이 아니고, 그런 거에 노출되지 않게 하려고 형제자매를 보호하는 그런 시스템이 국가에서 있었어야 했는데 전혀 없었고, 오히려 그걸 부추겼고. 그런 것들을 보면 정말 나쁜 거죠. 그런 것들이 국가폭력[이라고] 하는 거예요. 국가가 직접 나서지 않고 국정원이 댓글부대 가지고, 그런 사람들 이용해 가지고 국민들을 잘못 인식시키고 있는 그런 부분, 1년 딱 되면서 그게 이제 확 드러난 거죠.

가족들 이간질시켰어요, 해수부에서 '보상받아야 된다, 안 받아야 된다' 이런 거 [가지고]. 특별법 안을 되게 이상하게 만들었잖아요. 더 이상, 이걸 배상을 받고 나면 더 이상 손해배상 청구할 수 없게끔 딱 그렇게 해버리니까 가족들이 너무 패닉에 빠진 거예요. 진상 규명이 된 것도 아니고 지금 무슨 배·보상을 들고 나와야 되는 상황도 아닌데, 1년 추모식 하고 있는 그 상황에, 8신가 그 시간대에 문자를 일률적으로 보내가지고 배·보상받으라고. 그 전에 아주 나쁜 작업들을 많이 했어요. 싸우는 부모들과 주저앉아 있는 부모들 이간질시켜서 주저앉아 있는 부모들한테 배·보상을 받게끔 하는, 이런 아주 나쁜 행태들을, 물밑 작업을 했었고요.

그걸 아는 지금 이제 싸우고 있는 부모들, 지금 남아 있는 부모들, 소송 가는, 우린 소송 간다고 했거든요, 소송 가는 부모들을 막 매도

하기 시작하고. "받아먹은 게 있으니까는 저렇게 1년 동안 한 푼 안 벌어도 저렇게 싸우고 있다"라고, 이런 식으로 막 매도를 하고 말도 안 되는, 막 이렇게 했었죠. 지금도 집행위원이나 이런 임원들은 다들 무보수거든요. 자기 사비 다 털어가면서 움직이는 사람들이란 말이에요, 직장 다 그만두고. 그런 거에 대한 거 하나도 조명이 안 되죠.

이미 직장 나가고 있는 사람들은 물론 이제 가정사 때문에 활동할 수 있는 사람들이 못 하는 거잖아요. 그들이 충분히 활동할 수 있게끔 도와줘야 되는 게 국가의 일인데, 못 하게끔 지원도 끊어버리고 그런 것들이 제대로 된 지원이 안 되고 하는 것들이 비일비재해요. 특별법이 있어도, 지원법이 따로 있어도 결코 썩 탐탁지 않은 거죠, 지금은 지원이 싹 정리됐고.

예를 들면 신체적으로 드러나는 증상들 치유를 해야 되잖아요. 정신과, 정신 상담만 받아서 되는 게 아니고 불면증에 혈압에 당뇨에, 원래 있는 사람도 있지만 그게 이제 새로 드러나는 병이란 말이에요. 그 치유할 수 있는 기간을 둬야 되는데 그것이 드러나는 시기에 치유가 딱 끊겨버렸어요, 그 지원이. 신체 지원에 대한 특별법 지원이 끊겨버렸기 때문에 다 사비를 들여서 병원을 다니고 있는 상황들, 그런 상황.

면담자   지금도요?

재욱 엄마   지금 안 되죠, 지원 안 되고 있죠. 2016년 3월부터 끊겼어요. 지원이 안 되는 거죠. 근데 정신과 질환 이런 거, 가장 절실한 건 의료 지원인 거죠. 근데 그것이 완전히 [끊겼어요]. "우리는 1년만 아프고 말아야 돼", 가족들이 하는 얘기가 그거잖아요.

면담자　　　그래서 2016년 3월까지만 지원이 되는 거군요?

재욱 엄마　　　예, 예. 시행령이 그렇게. 그러니까 특별법은 만들어지면 우리는 다 될 줄 알았는데, 시행령을, 혜택이 반쪽밖에 안 되는 그런 시행령을 또 만들었단 말이에요, 법 자체가. 딱 1년 만에, 1년 시행할 수 있게끔 돼 있잖아요, 웃기는 거죠.

8
안산~팽목항 도보 행진

면담자　　　그다음에 안산에서 팽목항까지 도보 행진 갔을 때, 그때는 19박 20일 걸렸지요.

재욱 엄마　　　예, 예. 딱 19박 20일. 그게 이제 "종주할 수 있는, 끝까지 할 수 있는 부모님들 나와라" 이래 가지고 우리가 열몇 명 정도 됐나? 정확한 인원은 모르겠는데 우리가 엄마들하고 아빠들하고 그렇게 했었고, 반별로 매일매일 돌아가면서 합류를 한 거죠. 하고 가고, 그다음 날엔 다른 반이 있고, 가고.

면담자　　　어머님은 어떻게 하셨어요?

재욱 엄마　　　저는 종주했죠. 살 좀 빠질까 해서 했는데 안 되더라고요(웃음). 그렇게 종주한 목적은, 우리가 그렇잖아요. 그 1월에 특별법이 만들어졌나요, 그때? 만들고 있는 과정이었나? 그때가 2015년 1월이었거든요.

면담자　　　　2015년 1월, 예, 예. 1월 26일에서 2월 14일까지예요.

재욱 엄마　　특별법이 그때 통과가 되기 전이죠, 되기 전인 거 같은데요. 헷갈리는 게 그 걸을 때, 걸을 때는 도보라는 것을 그렇게 할 거라는 생각을 못 했었거든요. 아, 그때 인양이 안 되고 있었나? 그 인양 어떤 그 저기 뭐야 그거 하라, 인양이 11월에 결정이 됐잖아요. 1월에 저희가 행진을 했거든요. 인양과 하여튼 그 미수습자 수습, 그 이야기를 하면서 걸었던 게 그 팽목항이었던 거 같아요.

　　11월에 인양을 결정하는 과정이었고, 그 뭐야 인양업체를 누구를 선정하느니 그런 과정에 있었던 거였거든요. 특별법은 통과가 되지 않았나요, 그때? 특별법 통과를 언제…. 하, 이런 얘기는 정확하게 나와야 되는데. 왜냐면 근데 그 안에 이제 인양에 대한 부분이 특별법이 그때는 없었어요. 왜냐면 특별법 만들어질 때, 그때는 그 특별법 통과가 되었었구나, 인양을 결정하기 전이었기 때문에 인양에 대한 부분이 특별법에서는, 그때 이야기는 있었지만 거기에 명시적으로 이렇게 [인양에 대해 규정하는] 그런 과정은 아니었거든요. 거기에 대해서 미수습자 [가족]들이 주장하고 그랬던 시기였어요.

　　하여튼 저희가 그 도보를 할 때는 진상 규명을 목적으로 그 목소리를 높이면서 갔던 그 길이 진도까지 길이었고, 사실은 그 길은 아이들이 수학여행을 갔던 길은 아니에요. 왜냐면 [아이들은] 인천에서 배를 타고 갔고, 우리가 아이를 찾으러 가는 길이었기 때문에. 그래도 아이들을 만나러 가는 [길이었죠].

면담자　　　　(검색해 본 후) 1월 12일 날 특별법이 통과되네요.

재욱 엄마   1월 12일에 특별법이 통과가 된 거죠? 네, [도보는 그] 이
후였을 거예요. 근데 이제 특별법 통과되고 진상 규명 위해 목소리 내
고 그런 상황에서 그 도보를, 왜냐면 범국민적인 그 관심이 해소될 때
가 있어야 되는 그런 상황이었거든요. 그래서 저희가 처음에 도보를
할 때에는 작게 시작을 했는데 나중에 갈수록 이렇게 많은 분들이 동
참을 해주셨던 과정이고요.

    제가 도보를 간 이유는 크게 대의를 따지자면 진상 규명을 위한
큰 행보였지만, 오롯이 아이를 추모할 수 있는 시간이 없었어요, 저희
가. 아이를 느낄 수 있는 시간도 없었고. 저는 이제 '우리 재욱이를 손
잡고 간다. 그리고 미수습자 아이들이 올라와야 되지 않냐, 그 아이들
데리러 가자' 그런 의미에서 거기를 걸었었어요.

면담자   그동안 그 활동하느라 바쁘시고 하니까.

재욱 엄마   바빠서 오롯이 아이를 느낄 수 있는 그런 기간이 없었
어요. 그 도움이 됐는데 처음에 출발할 때는 끝에 가면 뭔가 있으리라
생각을 하고 갔거든요, 막연히? 왜 그런 거 있잖아요. 근데 막연히 그
날 도착을, 마지막 날 (떨리는 목소리로) 굉장히 허무했죠, 사실은. 도
착했는데 그냥 똑같더라고요, 상황은 하나도 변한 게 없고. 그때 이제
막 진행을 해서 뭔가를 이루어낼 수 있는 상황이 아니었잖아요, 그때
가. 이제 인양 결정되고 나서 완전 소강상태에 있는 상황에서, 진상
규명을 해낼 수 있는 방법이 특별법 만들어지고 특조위 꾸려지고 그
런 과정이었기 때문에 그 시기가 굉장히 암울하고 그냥 소강상태였던
거죠. 국민들이 관심을 많이 가졌고, 그랬던 시기죠, 근데 관심 없는
사람들은 [관심이] 없고. 그래도 거기 그 활동이 제일 큰 활동이었던

거 같애요, 도보가.

그 21일이면, 20일이면 한 달 가까이잖아요. 그럼 매주마다 주말에 엄청난 많은 사람들이 합류를 했었거든요. 한 3주 정도? 주말에는. 마지막 들어가는 날에는 가장 많은 인원들이 모였었고, 마지막에 저희가 그 무대, 팽목항 무대에서 이제 20일 동안 소회를 발표를 하고, 문화제라면 뭐하지만 추모제를 하면서 그날 마무리를 잘했던 거 같아요. 근데 너무 아팠죠, 너무 엄청나게. 몸이 힘든 건 하나도 안 힘들었어요. 오히려 걷고 했으니까 이 패턴은 좀 정상화됐을 거 아니에요. 근데 그 시기에 부모들이 화가 너무 많았기 때문에 화가 막 쌓여 있었으니까 몸들이 정말 다들 안 좋을 때였거든요. 그 상황에서 걸었다라는 게…. 그러면서 이제 골반 나가고 무릎 나가고 그런 분들이 정말 많아요, 걸었던 분들이.

면담자   어머님은 도보 행진 하신 후 어디 안 좋으신 데가 없었나요?

재욱 엄마   저는 골반만 조금, 워낙 튼튼해서. 그래서 자꾸 왜 이렇게 이 생활이 불규칙하다 보니까는, 몸이 많이 붓는 엄마들은 붓고, 못 먹어서, 이렇게 잠 못 자는 엄마들은 말라요. 저 같은 경우는 몸이 많이 붓더라고요, 신진대사가 잘 안 되니까. '걸으면 좀 낫겠다' 싶어서 했는데 마찬가지더라고요. 그렇다고 해서 건강이 좋아진다거나 그렇지는 않더라고요. 모든 게 정신인 거 같애.

면담자   도보할 때 잠은 어디서 주무셨어요?

재욱 엄마   그 계획이 있었을 거 아니에요? 그러면 그쪽에서 사람들이 워낙 많으니까 작은 공간은 안 되고 병원이라든지 아니면 무슨 단체 홀이라든지 체육관이라든지 이런 걸 빌려서 거기서 숙식을 했어요. 그리고 많은 시민들이 식사를 해결을 해줬어요. 밥차 이런 부대들이 많이 같이 움직이고, 그 지역에 이제 숙식을 하게 되면 그때그때 그 지역에서 같이해 주고…. 관 같은 데 전라도 쪽으로 가니까는 이제 또 의식 있는 관공서에 있는 그런 분들도 또 많이 도와주시고, 교육청이니 이런 쪽에 뜻있는 진보 교육감님들 나와서 힘 실어주시고….

그리고 사회단체들 있잖아요. 교회단체라든지 사회단체라든지 그렇게 해서 의지를 해서 "이번에는, 이번에만큼은 우리가 이 숙식을 해결하겠다", 이런 요청이 들어오고. 그런 것들은, 위에는 또 도보 집행부가 있었을 거 아니에요? 그쪽하고 상의해서 했었어요. 일반 국민들도 많이 동참을 했거든요, 종주하신 분들이 몇 분 계셨고.

면담자   일반 시민들도 많이 참여하셨군요?

재욱 엄마   예, 예. 일반 시민, 주말에는 또 많이들 오시고.

면담자   도보 행진 하셨던 분들이 가족들하고 합쳐서 몇 분 정도 계셨습니까?

재욱 엄마   어, 꽤 많았어요. 몇백 명은 저리 가라고요, 그 천 단위도 넘어갔을걸요? 많이 할 때는? 제가 명수는 정확하게 모르겠어요, 끝이 안보였으니까. 어쨌거나, 천 단위는 훨 넘어갔죠. 몇천 명, 이런 건 그때 그 기록을 봐야 되는데.

9
안산~광화문 행진과 삭발

면담자　그다음에 4월 4일에 또 안산에서 광화문까지 삭발한 다음에 영정 들고 가실 때….

재욱 엄마　삭발, 그때도 있었죠.

면담자　예, 1박 2일 동안 광화문으로 행진하셨어요.

재욱 엄마　삭발하고 영정 도보를 또 했나요, 저희가.

면담자　예, 2015년 4월 4일 날.

재욱 엄마　아, 맞다 맞다, 15년. 2주기 전 해가지고 마지막 보루가, 워낙 시행령, 한창 특조위 활동할 때잖아요, 워낙 방해가 많고. 그때도 무슨 특별한 이유가 있었을 거예요. 그때 '우리가 삭발까지 할 수밖에 없는 상황이 있었다' 그래서 '마지막 저항이다' [하고], 삭발만큼은 안 하려고 했는데, 삭발하고.

면담자　삭발은 몇 분 정도 하셨죠?

재욱 엄마　많이 했죠, 그때. 한 50명 정도 했을걸요?

면담자　재욱이 어머님도 하시구요?

재욱 엄마　예. 엄마들도, 아빠들도 많이 50명 정도 하고, 그다음에 또 이제 뒤늦게 광화문에서 했죠. 광화문에서 영정 도보를 하고 나서 광화문에서 삭발하지 않았나요?

면담자　　　네, 안산 정부합동분향소에서도 하셨고 광화문에서도 하셨어요.

재욱 엄마　　　광화문에서 삭발을 하고, 영정 들고 도보를 여기서, 분향소에서 출발을 해서 가서, 광화문에서 삭발을 하고.

면담자　　　아, 안산 분향소에서 영정을 들고 도보로 광화문까지 가서, 광화문에서 삭발을 하신 거군요.

재욱 엄마　　　광화문에서 삭발을 하고, 그러고 뒤에 또 삭발을 한 번 했어요. 일주일 있다가 나머지 정리를 해서 한 번 해서 했는데, 와 참, 왜 삭발을 했는지 그 이유에 대해서는 특별법 아니고요, 그때는 시행령이, 시행령 폐기 막 또 그 얘기 나올 때였었거든요. 어쨌거나 진상 규명을 위한 삭발이었어요, 그것도. 너무 그게 안 이뤄지고 있기 때문에 계속 방해라는 걸 알고, 2년, [햇수로] 2년이었잖아요. 그때는 기조가 확실했죠. 그래서 [진상 규명을] 방해하는 것[에 대해 항의하는 의미의 삭발이었죠].

면담자　　　1년 차하고 2년 차하고 태도가 완전히 바뀌었다고요.

재욱 엄마　　　완전히 다르죠. 예, 그랬죠. 사실 2014년 4월, 아 그니까 2015년 4월부터 해가지고 1년, 1년 하고 2016년 4월부터 딱 오늘 1년 동안에 엄청난 저항이 있었던 거죠. 요때 100일, 200일, 300일, 막 그런 촛불집회가 많았잖아요. 그게 기인한 상황들이었을 거예요.

면담자　　　1년 뒤에 바뀌었다는 게, 그 2015년 4월 16일 이후로 많이 태도가 바뀐 거예요?

재욱 엄마   예, 태도가 완전히 드러나게 바뀐 거죠. 저희를 완전 빨갱이로 매도하고 집회하면, 세월호 집회하면 그래도 유가족은 못 건드렸는데, [1년이 지나고 나니까] 유가족 그러면서 이제 막 집회를 하면 차 벽 앞에서 붙들려 가고 연행을 하기 시작한 거예요.

면담자   유가족들도 연행을 하고, 그게 2015년 4월 16일 이후에 달라진 거죠.

재욱 엄마   첫 연행을 한 게 5월 달인가 그랬을걸요. (면담자 : 2015년에?) 예, 예. 그게 몇 차 집회였는지는 모르겠는데, 그게 다 백 일, 몇백 일 그 뭐지 토요 세월호 진상 규명 집회였을 거예요.

면담자   그때 5월 1일 날 안국역에서의 일이죠.

재욱 엄마   예, 그때 시작, 사실은 그 전주에도 있었는데, 그때가 대대적으로 드러나게 된 거죠. 딱 1년, 2주에 한 번 거의 큰 집회가 있었잖아요. 1년 딱 지나면서 그때부터 '가족들도 연행한다', 그게 경찰청에서 나온, 내려와 있는 그런 그들의 집회 [진압] 방침이었어요.

면담자   '어떻게 대응을 한다', 그런 거겠죠.

재욱 엄마   예, 예. 대대적으로 한 번 그렇게 연행이 됐는데 그게 부작용이 만만치 않았죠. 그 뒤로는 이제 하여튼 많이 잡혀가진 않았는데, 몸싸움 집회를 크게 안 했죠, 그때는, 그 뒤로는.

면담자   아까 말씀하실 때 삭발은 안 하려 했었다고 하셨는데요.

재욱 엄마   삭발까지는 하면 안 되지. '그런 상황을 만들면 안 되지 않느냐', 아빠들이 삭발하는 거는 봐줄 만한데 엄마들이 삭발한다는 이건 목숨을 내놓는 거잖아요. 유경근 집행위원장이 그때 아마 삭발하면서 했던 얘기가 있어요. "삭발을 한다는 것은 목숨을 내놓는 것하고 똑같다. 우리는 목숨을 내놓고 싸우는 거다. 그런 각오로 삭발을 한다" 그런 말을 했었거든요. 엄마들이 삭발하는 건 정말 있을 수 없는 일 중에 하나거든요. 그렇게 상황을 만들었다는 거죠, 국가가. 그만큼 저항이 강했던 거죠. 우리는 절실했었고. 그리고 그 삭발하는 거에 있어서 별로 저항이 없었어요. "삭발하실 분? 이번에는 삭발합니다. 해야 됩니다"라고 했을 때 그냥 부모들이 손을 많이 들더라고요. 한 50명 넘었었던 거 같은데.

면담자　　　예, 예. 그때 그 광화문에서 죽 이렇게 앉아서 많은 분들이 삭발하셨었죠.

재욱 엄마　　　예. 그리고 분향소 앞에서도 삭발을 했었어요, 그 뒤에. 그게 그 뒤에 있었던 일이거든요. 광화문에서 이제 삭발 한 번 하고, 그다음 주엔가? 그다음 주였을 거예요. 분향소에서 영정 들고 가기 전에 삭발을 한 번 했었어요. 그리고 나서 도보, 도보가 있었거든요. 그때 삭발 한 번 하고 갔었죠. 근데 그때는 한창 이제 막 싸우고 저항하고 있는 그런 시긴데 '뭐라도 한다', '뭐라도 우린 할 수 있다', 그런 상황이었고.

　　강하게 몰아붙이는 부모들은 활동을 많이 하다 보면 "이게 이것도 해야 되고 이것도 해야 된다. 우리가 많이 아프지만 우리가 지금까지 이렇게 해왔는데 좀 앞으로도 이렇게 싸울 일이 더 많을 텐데 최후의 보루로 이렇게 싸워야 된다" 하는 싸우는 방식인 거죠. 그런데 "꼭 그렇게 싸울 필요가 있냐"라는 부모들도 있는 거예요. 근데 이제 [그럼에도 불구하고 협의의 방향은 이렇게 어차피 저항을 통해서 진상 규명을 향해서 간다면, 싸울 수밖에 없는 입장이잖아요. 그런 방법들이 동원이 되는 거죠. 지금 민중총궐기가 계속되면서 방법들이 한번은 망토를 걸치고 한번은 우리가 구명조끼를 입고 그런 것들도 어쩌면 저항의 방식 중에 하나라는 거예요. 선택하는 방식이 그때는 삭발이었던 거죠.

모든 사회적인 그런 그 포커스, 시선들이 세월호 유가족들한테 몰려 있었잖아요. 세월호 저항의 한 2년이었잖아요. 그 2년의 중앙에 우리가 있었기 때문에 우리가 다 안고 가는 모습이 될 수밖에 없었고, "왜 그래야 되냐"고, "왜 우리가 이렇게 싸워야 되냐"라고 하는 부모들도 있었지만, 주체가 우리기 때문에 우리가 이것을 해내지 않으면, 그러니까 긴 싸움 동안 느낀 거죠. 아무도 주체가 돼서 움직일 수 없을 거라는 거를 막연하게 알았죠. 그 와중에 또 이제 이렇게 싸우는 사람들, 아니면 좀 주저앉는 부모들, 그런 것들이 이렇게 흐르듯이 정리가 되더라고요, 성향에 따라서.

그래서 지금까지 이렇게 버틴 건, 돌아보면 정말 대단하단 생각 저도 해요. 처음에 우리 활동가들이 저희들보고 "정말 대단하십니다", 그 얘기할 때 저희 정말 민망했거든요. "당신네들도 이런 상황이되면 이렇게 할 거다. 근데 '우리가 잘하고 있다' 그런 표현은 참 아닌 것 같다. 그냥 내가 부모이기 때문에, 내가 당사자이기 때문에 하는 거지". 저는 그렇게 생각을 했거든요. 잘나서, 이게 무슨 신분이라고 이야기를 하는데 이게 자격을 따는 것도 아니고, 그냥 당연히 가족이라면 이게 당연한 인간의 도리라고 저는 생각을 하고 움직이는데 남들이 봤을 때는 그 시각이, 왜곡되는 게 아니고, 그게 대단하다고 인식되고 훌륭하다고 인식되는 데에 대해서 굉장히 불편함 같은 게 있었던 거죠. '여러분들이 움직이는 거랑 우리가 움직이는 거랑 별 진배 없지만 입장이 다를 뿐이다' 저는 그렇게 생각하거든요. 그래서 이게 꺼지지 않는 것 같아요, 촛불로 나오는 거고. 그런 마음으로 움직였던 것 같아요.

그리고 이제 이게 참 고마운 건 세월호 싸움이 지리하게 갔잖아요. 2년 정도 되면 주저앉는단 말이죠. 겨울을 넘길 때 딱 그래요. 작년 겨울을 넘길 때, 올겨울 넘길 때도 그렇고, 한 번씩 이렇게 툭 꺾이잖아요. 꺾이는데, 이게 꺾이지 않는 이유가 이게 촛불 민심으로 확 드러났기 때문에 꺾이지 않는 거지, 계속 세월호 싸움만 했다면 주저앉겠죠. 딱 고 시기에 천만다행 시기에 이게 최순실 게이트로 터지면서 이게 촛불로 막 타오를 때, '이게 더 타오르긴 하겠지만 꺼지면 안 되겠다. 참 희한하게 터지네. 엉뚱한 곳에서 터지네' 그랬는데, 저희들이 그동안 갖고 있던 이 답답함들이 이제 그대로 이전이 된 것 같다는 느낌이 확 드는 거죠. 그래서 '아이구 우리가 좀 쉬어야 된다'라는 느낌보다는 이제는 우리가 바라보게 하면서 잘못된 게 있을 때 이제 껏, 우리가 여지껏 싸워왔던, 그 진실 규명을 위해 싸워왔던 팩트가 있잖아요, 사실도 있고 느낌도 있고. "이런 것이 잘못됐을 경우엔 이제 우리는 또다시 전면에 나서리라. 지금도 나서고는 있지만 더 강하게 나서리라"라고 이야기를 하는 거죠, 아주 용감하게. 이게 무식한 게 용감하다고, 단순하니까 쭉 가는 거 같아요(웃음).

재욱 엄마 홍영미

10
일베의 행동과 세월호 피로감

면담자   단식 농성 하는 데 일베들이 와서 피자 먹고 그런 거 있지 않았습니까?

재욱 엄마   그건 양심의 문젠데, 그건 '걔네들이 모자라도 참 한참 모자라는구나. 저런 거에 우리가 일희일비할 필요가 있겠냐'는 게, 사실은 저 개인적으로, 사람 같지 않으면 취급 안 하고 말 같지 않으면 안 들으면 되는데 그런 것들이 너무 세단 말이에요. 강하고, 어둡고, 더럽잖아요. 근데 저걸 어떻게 해주는데, '같이 부딪쳐서 이걸 뭘 하느냐. 아니면은 그냥 무시하느냐', 그런데 이제 반응은 여러 가지로 나오잖아요. 어쨌거나 잘못됐다는 걸 알아요, 많은 사람들이. 양심에 '그거는 아니다'라는 거를 알잖아요. 폭식 투쟁 그게 말이 됩니까? 근데 그렇게 하는 사람들의 뒷면에 가보면 정확하게 모르고 그들이 그들만의 주장, 리그 그런 거를 펼치는 거잖아요. 그게 옳다고도 생각 안 할 거예요.

일례를 들자면, 그 사람들을 개인적으로 어떻게, 우리 거기 늘 상주하는 부모님들이, 영석이 엄마나 부모님들이 그런 사람들 만날 일이 있어서 이렇게 뒷담화를 들어보면, '그게 옳다, 그르다' 그런 개념이 없다라는 거죠. 좀 모자라는 사람들일 수도 있고, 그런 사람들인 거예요, 한마디로. 근데 그런 것이 드러나잖아요. 양심적인 사람들이 그런 것을 보고 어떻게 정리를 하느냐는 그 사회의 양심이라고 저는 생각하거든요. 그래서 '무시를 하느냐, 아니면은 대응을 하느냐', 이건 그때마다 드러나는 현상인 거 같아요. 저는 무시를 했는데 '그 무시를 한 결과가 지금 우리가, 지금 이런 사회를 살고 있다'라는 생각도 들고, 그래서 잘못된 건 잘못됐다고 가르쳐줘야 된다는 입장이 돼 있는 거죠. 그래서 기회가 닿으면 가르쳐주겠지만, 그걸 부딪쳐서 싸워서 가르쳐야 되는 게 아니잖아요. 그러니까 사회 전반적 흐름을 통해 '이게 잘못된 것이다' 가르쳐주는 것, 이게 우리 사회가 성숙된 사회가 되는 거죠. 그래서 '드러나는 것도 좋다'라는 표현은 좀 그렇지만 나쁘지 않다고 저는 생각하거든요.

그래서 우리가 정리되는 게 또 있잖아요. 당사자 입장에서는 정말 개무시하고 싶은 거죠. 안 들었으면 차라리 낫지, 오뎅 사건하고 똑같은 거예요. 그 오뎅 꼬치를 아이들에 비유해 가지고 처음에 그 교복 입혀서, 그 정말 잘못된 사고방식…. 그 걔를 나무라기도 하지만 그 부모를 나무라야 되고, 그런 사회를 진짜, 그런 것을 사회로 드러내게 했던 이 사회구조 자체도 정말 잘못된 거[잖아요]. 그럴 때는 강하게 질타를 해서 걔를 없애버려야 되는 거죠, 잘못했다면서. 그런데 우리 사회가 그렇지 못했잖아요. 그건 다 우리 책임이라는 거예요, 저는. 거기에 대해서 책임을 통감하는 거지. 개인적으로는 그냥 무시하고 싶은데 무시한다고 되는 일이 아니니 잘못된 건 잘못됐다고 말해줄 수 있는 어른스러운, 사회적인 시각이 반드시 필요하고 꼭 행동으로 해야 바뀐다는 거죠. 행동하지 않고 도망가 버리면 안 바뀌는 거예요. 그거를 깨달았던 거라 보시면 되죠.

지금은 얘기할 수 있어요. 만약에 피 튀기게 머리끄덩이를 잡고 싸워야 된다 하면 머리끄덩이 잡고 싸우면서라도 그 이야기 해주겠죠, 잘못된 걸. 너무너무 답답해요. 답답했다는 것을 이렇게 말씀드리는 거예요.

면담자   2014년 4월 16일부터 해서 처음에는 서명 나가면 모두 사인해 주고 그랬다 하지 않았습니까? 근데 이게 언제부터 분위기가 바뀌었나요? 보수 언론들이 이상한 기사로 호도를 하고 그러면서 그 '세월호 피로감' 이런 이야기도 나오고 그랬지 않습니까? 그런 걸 느끼신 건 언제쯤인가요?

재욱 엄마   저는 한 1년쯤 지나고…. 사람들은 6개월 정도 지나면서 그 전에 느꼈다고 하는데 저는 1년쯤 지나고 [느끼기 시작했어요]. 한창 이제 막 배·보상의 문제가 드러나면서 '가족들이 나눠지고 있다', 그런 것들이 드러나면서 그런 것을 막 호도하는, 그런 것들을 하면서 느꼈고. 그다음에 간담회 같은 걸 가면 아직도 특별하게 마이너스 발언 하는 사람들은 없어요. 근데 1년쯤 지나니까 한 번씩, 이렇게 관중들 속에서도 자기네들 입장에 맞춰서 "이것은 아닌 것 같지 않냐"라고 잘못된 정보를 가지고 이야기하는 것을 이렇게 드러내서 이야기할 때, '아, 이런 것이 굉장히 위험하게 그동안 많이 물밑 작업을 했구나. 잘못된 정보들이 전달됐구나' 하는 걸 느꼈죠. 저는 1년 정도 [지난 때부터 느끼기 시작했어요].

사실은 그 전부터 체감을 많이 했다고 하긴 하더라고요. 근데 저의 개인적인 상황이 그랬겠죠. (면담자 : 어머님 입장에서는) 예, 제 입장에서는 안 믿고 싶었으니까 안 들었죠, 그런 얘기들. 사실은 그렇다고 치더라도 이제 제가 무시하면 된다고 생각을 했으니까. 별로 그렇게 안 들으려고 하는데 부모들이 이렇게 나갔다 오면 항상 하는 얘기들이 그런 얘기들을 하면, "그럼에도 불구하고 우린 살아 있어!" 이렇게 이야기를 하는 입장이었는데, 그런 얘기들이 많이 들려오는 시기가 1년쯤 지나서[였어요].

11
2015년 농성 및 시행령 폐기 투쟁

면담자　　　그런 걸 좀 느끼셨으면 2015년에 농성 같은 거 할 때엔 더 힘드셨겠네요.

재욱 엄마　　　근데 우리가 행동하겠다고 광화문에 모였다든지, 촛불집회 할 때는 호의적인 사람들이 다 우리 곁에 다 있었거든요. 부정적인 것들은 이제 언론을 통해서, 페북을 통해서, 또 광화문에 그 분향소에 되도 안 하는 일베들 폭식 나오기 전에도 사실 그런 것들이 와가지고 손가락질하고 말도 안 되는 그 왜 영감님들의 포악질 이런 걸 보면서 '아, 그럴 수도 있겠다' [싶기는 했지만], 근데 저런 거는 극히 일부라고 생각을 했고요. 물론 강하지만, 극히 일부고 말도 안 되는 그냥 늙은이들 하는 얘기라고 취급을 해버리고, 그랬던 것들이 쌓여서 폭식 투쟁 이런 것들이 나오는 걸 보면서 '이게 정부에서 정말 조작질을 많이 했구나' [하는 생각이 들더라고요].

　　　그리고 SNS 많이 하는 사람은 그걸 빨리 느꼈을 거예요. 부모님들이 대부분 SNS 별로 열심히 안 하시거든요. 안 해요, 왜냐면 좋은 소리가 별로 없기 때문에. 해봐야, 들어봐야 좋은 소리 없고, 페북을 해도 긍정적인 얘기가 아니고 부정적인 얘기가 많아요. 아픈 얘기들, 슬픈 얘기들, 반대되는 얘기들을 많이 하지, 사회가 희망이고 기쁨이고 이런 얘기들은 하는 경우가 별로 없어요. 그래서 대부분 페북을 사람들이 하다가도 그만두고 잘 안 하는 거죠. 진실을 알기 위한 페북은 하죠. 근데 이제 그런 것들을 SNS를 하는 사람들은 좀 빨리 피부로 와 닿아서 저항들을 하곤 했는데 부모들은 그렇게 많이, 3분의 1도 채 안 될걸요, 열심히 하는 사람들은? 필요성은 느끼는데, 그게요, 귀찮고 힘들어서가 아니라 귀찮고 아프고 하니까….

면담자 　　　안국역에서 물대포 쏘고 유가족들 본격적으로 연행을 할 때….

재욱 엄마 　　　예. 물대포, 그때 막 캡사이신, 안국역 그 전에도 캡사이신이 있었을 건데 그 대대적으로 본격적으로 쏜 게 아마 그 상황이 었을 거예요.

면담자 　　　유가족들한테 직접 쏜 거죠?

재욱 엄마 　　　예. 그때 학생들이 많이 있었거든요. 학생들 보호해야 된다 해서 가족들이 앞장서고 앞에서 마크했는데 거기다가 내리 쏜 거죠. 날라도 가고 안경 벗기고도 쏘고, 죄질 나쁜 경찰들이 많았죠, 그때.

면담자 　　　그때도 1박 2일 농성할 때인가요? 시행령 폐기?

재욱 엄마 　　　예. 시행령 폐기 하라고….

면담자 　　　갑자기 정부에서 시행령을 발표했잖습니까?

재욱 엄마　　　　예, 그렇죠. 제대로 수사, 기소권이 없으니 조사만 하는 상황에서 그런 것들도 있었고, 특조위가 제대로 꾸려지지 않는 상황이었고요. 그때도 6개월이 넘어가는 그런 상황이었나? 그럼에도 불구하고 온갖 방해, 특조위를 방해, '특조위가 만들어지면 그래도 그나마 조사는 되겠지'라고 했는데 그거 만드는 기간도 엄청 걸렸고, 특조위 내에 정부에서 파견된 인사들은 방해꾼으로 왔지 특조위 조사를 위해서 온 사람들이 아니었다는 것을 피부로 알게 됐고…. 그니까 특조위의 역량의 한계를 우리 가족들이 봐왔잖아요. 그러니까 기대했던 만큼, 와, 진짜 기대가 큰 만큼 실망도 크다고, 그렇게 특별법 만들어달라고 생고생하고, 반쪽짜리 시행령 만들어서 그 시행령을 시행하려는 특조위도 그렇게 만들어버리고, 그런 과정에서 얼마나 가족들이 자괴감을 느꼈겠어요? 믿을 데가 한 군데도 없는 거죠, 해수부는 특히 더했고.

면담자　　　　계속 벽에 부딪힌다는 느낌이었겠네요.

재욱 엄마　　　　예. 벽에다가 그냥 계란을 계속 던지고 있는 거예요, 저희는. 그 벽 앞에, 그 벽이라는, 그때 이놈의 것이 언제 구멍이 날지는 알 수가 없었는데 이번에 구멍이 난 거잖아요. 댐에 구멍이 난 건데, 이렇게 됐는데 '확 무너졌으면 좋겠다. 댐이 무너졌으면 좋겠다'라는 게, 물의 흐름을 원활하게 만들어주잖아요. 하여튼 그때 안국역 싸움은 그 사실은 보이는 벽이었죠, 보이지 않는 벽도 아니었죠. 보이는 벽을 향해서 계속 계란만 던지고 있는 상황에서 던진 계란마저도, 그 파편마저도 우리가 맞는 형국이었죠.

132

면담자   그때 이제 시행령 폐기를….

재욱 엄마   예. "시행령 폐기를 하고 새로운 법을 만들어라, 차라리", 그랬던 거죠. 그 제의에 특조위를 저희는 암묵적으로 생각하고 있었던 거죠. '이런 일이 생기면 안 되는데'라고 했는데 그렇게 되어버린 거예요.

12
2015년 9월부터의 동거차도 활동

면담자   동거차도 감시 활동 시작한 것은 9월부터, 그러니까 인양 작업 하기 시작하면서부터죠?

재욱 엄마   예, 15년 9월인가요? (면담자 : 예, 2015년) 그때 이제 인양분과에서 (면담자 : 인양분과가 따로 있습니까?) 예, 인양분과가 따로 있어요.

면담자   그 심리생계분과 같이?

재욱 엄마   예, 진상분과가 있고, 인양분과와 심리생계분과가 있고, 대외협력이 있고, 그다음에 추모분과가 있고. 그래서 각자 이렇게 유기적으로, 워낙 사안이 크다 보니까 팩트로 움직이되 유기적으로 다 소통을 하고 매주 1회씩 회의를 하거든요. 그러면 분과 회의만 하는 게 아니고, 따로 그 분과 회의를 하고, 일주일에 총 모여서 확대 운영 회의를 해요. 그러니까는 각 반에 있는 또 10개 반의 부모님들 있잖아요. 반 대표들이 들어오고, 분과장들 들어오고, 그다음에 일반인, 화물 피해자, 가족협의회에 등록돼 있는 생존자 대표들, 그런 분들이 다 같이 모여서 회의를 하는데, 이제 각 분과별로 이런 사안들은 분과에 맞게끔 이렇게 맡아서 하거든요.

그래서 인양분과에서 9월에 할 때도 "인양에 대한 걸 해수부가 브리핑을 전혀 안 해주고 우리가 이야기하는 걸 전혀 안 들어주니 무슨 짓을 하는지 모르겠다", "인양을 우리가 지켜보게 해달라", "우리를 일주일에 한 번씩이라도 바지선에 태워달라"[고 요구를 했어요]. 인양하는 과정을 지켜볼 수 있게 해준다고 했거든요. 근데 말은 그렇게 해놓고 실질적으로 하는 게 하나도 없었을 거예요. 그래서 "우리가 직접 감시할 수 있는 방법은 가장 가까운 동거차도 밖에 없다"[라고 결론을 내린 거죠]. 동거차도에 지금 감시초소가 있는데 옛날에 사고 났을 때 기자들이 촬영한 곳이에요.

면담자   그곳이 사고 해역과 제일 가까우니까요.

재욱 엄마   거기 다 있어요. "거기를 하겠다" 하니 "왜 그렇게 감시를 하냐", 하지 말라 소리는 못 하고…. 그래서 감시초소를 세운 거죠, 인양분과에서. 돌아가면서 일주일씩 반별로 했는데 이렇게 길어질 줄은 몰랐죠.

면담자   원래는 작년까지 다 완료를 하기로 했는데 아직도 인양이 안 되고 있으니….

재욱 엄마   인양될 때까지는 계속 또.

면담자   돌아가면서 내려가시는 거죠? (재욱 엄마 : 예) 반별로 당번하는 걸로요.

재욱 엄마　　예, 반별로. 가족이 없으면 안 되니까, 이제 일반인들도 "가서 감시를 해주겠다" 하고 요청도 많이 있었는데, 가족이 없으면 안 되니까 일단 가족 위주로, 계속.

면담자　　일반인들도 가기도 합니까?

재욱 엄마　　가기도 해요. 왜냐면 활동 열심히 하시는 분들 있잖아요, 어쩌다가 또 촬영 원하시는 분도 있고. 해가 바뀌면서 어떻게 가족들이 지내고 있나, 이런 촬영 하시는 분들이 촬영차 같이 가기도 하고, 활동가분들 중에서도 동거차도 활동 하는 것을 같이, 부모님들이 서너 명이 함께 못 갈 때는, 한 명, 두 명밖에 못 갈 때에는 외롭잖아요. 그래서 같이 이렇게 검증되신 분들만 가요. 같이 활동을 했고, 마음을 함께 나누시는 분들에 한해서 인양분과에서 이제 오케이하면 같이….

면담자　　아까 다섯 개 분과가 있다고 하셨는데요.

재욱 엄마　　예, 진상규명분과. 그거는 이제 특조위라든지, 이런 진상 규명을 위해서 하는 분과구요. 그담에 인양분과는 인양, 추모는 이제 추모 공원 조성, 아이들 지금 분향소 이런 게 산발적으로 있다가 정리되고, 지금도 합동분향소가 있고 광화문 분향소가 있고 그렇잖아요? 그런 거 관리하고, 추모에 관한 모든 것들을 관장을 하고, 그리고 이제 재단[이 설립] 되면 추모 재단 요런 거 관장하고, 심리분과는 심리 지원, 지금 이런 각 단체들 있잖아요, 관리하면서 단체 연계하고, 대외협력은 이제 대외 간담회라든지 이런 거 활동하고….

면담자   동거차도에 가는 건 인양분과가 주관해서 하는 거군요.

재욱 엄마   [인양분과에서] 주관을 해서, 가족들이 다 같이 움직이는 거죠.

면담자   가면 일주일씩 계십니까?

재욱 엄마   일주일씩. 금요일 날 내려가서 금요일 날 오고, 팽목에서 이렇게 교대하는 거죠, 배가 나오고 들어가고.

면담자   지도를 보니까 팽목에서 배 타고 제법 들어가는 것 같던데요?

재욱 엄마   한 3시간 정도 걸려요, 그 여객선을 타고 가면. 근데 이제 빨리 가는 배가 있잖아요. 그걸 빌려서 좀 빨리 들어갈 수 있게 그렇게 하고, 안 되면 여객선 타고 들어가고…. 그 정규적으로 다니는 여객선이 있거든요. 근데 시간이 너무 걸려. 여기 들렸다, 저기 들렸다, 서거차도 들렸다 가고 이러니까. 바로 동거차도 갈 수 있는, 저희가 배를 또 섭외를 해서 어부가 직접 이렇게 [배를 운항해서 가죠].

면담자   배를 직접 빌려서 가면 몇 시간이 걸려요?

재욱 엄마   한 1시간, 2시간? 정확하겐 모르겠네요, 저도 가보긴 했는데.

면담자   그냥 여객선 타면 3시간. 그러니까 이게 섬들이 되게 많은데 제일 바깥에 있더라고요, 동거차도가.

재욱 엄마   동거차도 가보셨어요?

136
·
재욱 엄마 홍영미

| 면담자 | 아니, 저는 지도에서만 찾아봤습니다. |

재욱 엄마   한번 가보시면, 가보시면 알아요.

면담자   앞으로 가볼 생각이라서 지도를 한번 보니까, 이게 세월호가 인천에서 출발을 해가지고 섬들 바깥으로 돌아서 이렇게 가다 보니깐 동거차도가 섬들이 모여 있는, 군도들 바깥에 위치한 그런 섬이더라구요. 그래서 거기서 사고 해역을 볼 수 있게 되어 있더라구요.

재욱 엄마   사람 사는 곳이긴 한데요. 가서 보면 제일 안타까운 게 동거차도에서 바라보면 사고 해역이 바로 있잖아요, 너무 가깝다는 거. 손만 뻗으면, 아이들이 헤엄쳐서 얼마든지, 둥둥 떠만 있었어도 섬으로 밀리잖아요. 살 수 있는 그런 곳이었다라는 게 눈으로 확인이 돼요. 그러니까 너무 아픈 곳이죠.

면담자   아주 잘 보인다고 하더라고요, 작업하는 것이.

재욱 엄마   가까워요, 아주 가까워요. 근데 이제 저희가 망원경을 놓고 작업을 하니, 낮엔 안 하고 밤에만 작업을 하고, 바지선을 뒤로 돌리고 하는 그런 상황들이 생겼어요, 촬영 못 하게끔.

면담자   아, 촬영을 못 하게 일부러 그렇게 한 거군요?

재욱 엄마   네, 바지선을 돌려서 그런 상황이 안 보이게끔…. 낮에도 작업을 하긴 하는데 주로 밤에 하는 거죠. 이유가 뭘까? 아니 멀쩡한 대낮에 하면 좋잖아요. 근데 그 어두운 캄캄한 밤에 그걸 주로 한다는 거죠. '끄집어내고, 증거인멸이지 않을까'라고 생각해요.
  그리고 다 잘랐잖아요. 진상 규명을 반드시 해야 하는 부분, 이거

137
·
2회차

는 앵커라든지 하여튼 기타 등등 이런 것들이 있는데 그런 것들을 먼저 훼손을 시켜버린 거죠. 이유는 아주 간단해요, "인양에 방해가 되기 때문에 잘라내야 된다"[라는 거였어요]. 이것이 아주 엄청난 증거 자료인데도 불구하고 잘라버리는 거죠. 그리고 나서 우리한테 자르기 전에 분명히 이야기를 한다고 했는데 그렇지가 않은 거죠. 다 해놓고는 잘랐다고 통보하고, 구멍도 처음에는 몇 개만 필요하다고 했는데 지금 150개나 뚫려 있는 거고, 그 크기도 어마어마해요. 어마어마한…, 1.5미터면 제 키거든요, 지름이. 그런 것들이 스물몇 개? 사십몇 개 뚫려 있고 나머지 잔잔하게 뚫린 것[도 있다고 해요]. 왜 뚫었는지, 무슨 목적으로 뚫었는지…, 단순하게 "무게감을 없애기 위해서, 인양할 때", 그랬다고 하는데 그런 것들이 다 거짓이라는 것도 또 드러나고 있고.

인양 방법이 잘못됐으니까, 처음에 우리가 요구했던 인양 방법대로 다 되돌리면서 그런 것들이 필요가 없게 되는 거죠. 그런 상황을 만들어놓는 해수부는 책임을 안 지는 거죠. 그래서 국가 폭력이라고 말씀드리는 거예요. 짜고 치는 고스톱이 아닌 이상 이러진 않는다는 거지. 누가 봐도 자명한 느낌…. 그 너무 이상한 건, 21세기잖아요, 우주선 타고 달나라 가고 있는 이 상황에서 너무나 아날로그식으로, 너무나 50년대, 60년대 사고방식으로 우리가 살고 있지 않나…. 그런 진상 규명 과정을 겪고 있는 거죠. 셜록 홈즈 같은 거예요, 무슨. 과학적인 데이터 이런 걸 가지고도 얼마든지 검증해 낼 수 있는 진상 규명 과정을 안 하고, 안 한다는 거죠. 그 옛날 주먹구구식 방법을 쓰는 이유를 모르겠어요.

•
재욱 엄마 홍영미

중국 업체를 선정한 그 자체부터 우리는 이해를 못 하겠거든요. 그 괜찮은 영국 업체[네덜란드 인양업체 스미트], 예를 들면 더 잘, 과학적이고 더 빨리 소통할 수 있는 업체를 놓[아두]고 왜 중국 업체를 선택했느냐는, 그건 이야기 안 하겠죠. 그 이유는 우리도 다 알고 있는데 모르쇠하는 거죠. '알아도 소용없어', 이런 거죠. 알아도 무시하는 거지, 전부 우리를. 근데 그런 것들이 저희는 바뀌어야 된다고 생각하는 거예요.

면담자   진상을 은폐하려는 의도와 관계가 있다고 보시는 거죠?

재욱 엄마   그렇죠. 손바닥으로 하늘을 가리는 게 보이는 거죠. 이런 얘기를 하면 사람들이 알 것 같은데 정말 모르거든요. 우리가 너무 많이 알고 있는 거야, 왜냐면 당사자니까, 당연히 이제 그런 정보에 노출이 돼 있으니까. 근데 '다른 사람들도 알겠지' 싶은데 정말 모르더라고요. 내가 다른 사람들 일 모르듯이 똑같은 거라. 그래서 알고 있는 내가, 주체가 이것을 정확히 알려야 하는 의무가 있는 거죠. 너무 답답하고 너무 아프고 너무 싫어요. 왜냐면 조금씩 이렇게 이 아픈 것을 밝혀내면 이게 희망이고 밝아지고 개선되는 모습이, 가능하면 많이 보이면 좋을 거 아니에요. 근데 그것이 보일 동 말 동, 보일 동 말 동 이런 상황이니까…. 그 상황이면 '그래, 이만큼이라도 좋으니까 이제 하나 보여줘 봐', 이제 그런 상황에 있는 거죠, 저희는.

13
2015년 10월 교실 존치 교육청 시위

면담자　　　경기도교육청에서 단원고 2학년 교실을 없애려 해서 유가족들과 시민들이 2015년 10월 달부터 교실 존치를 위해 교육청에서 피케팅을 하시기도 했었지요. 그 과정에 대한 이야기도 좀 들려주시면 좋겠습니다.

재욱 엄마　　　예. 저희는 교실 존치를, 저희는 진상 규명을 양대 산맥으로 봤어요. 하나는 세월호 사건 진상 규명하는 거, 하나는 교육의 문제잖아요, 잘못된 교육. 잘못된 교육정책에 의해서 애들이 가지 않아도 되는 배를 타고, 그런 교육정책에 의해서 애들이 그 배를 타고 갔단 말이에요. '그런 것을 드러내는 거, 그런 것도 하나의 교육계의 진상 규명이다' 생각을 했었거든요. 양대 산맥으로 봤는데, 일단은 이 진상 규명, 세월호 사건에 대한 진상 규명이 너무 커서 올인을 했는데, 그래서 학교는 그냥, 학교도 기다리고 있고 바라보고 지켜보고 있던 상황이었던 거죠. 근데 학교 자체 내에서도 '이렇게 오랫동안 둘 수 없다'라는….

근데 '진상 규명이 되지 않은 상황에서 아이들이 아직 인양이, 다 돌아오지 않은 상태에서 이 교실을 없앤다는 것은 교육적으로도 정말 좋지 않다', 그래서 기억[과 약속]의 길 때문에 굉장히 많은 사람들이 오면서 그 교육의 현실, 비어 있는 교실을 보면서 산 교육을 했단 말이에요. 그걸 영원히 남겨야 된다는 게 부모들의 입장이었고, '언젠가는 인양이 되면 이게 없어져야 된다'고도 생각했었어요. 근데 '이왕이면 우리 사회가 정말 깨어 있는 사회라면, 깨어 있는 교육계라면 우리가 이걸 유지를 시키는 게 맞지 않냐. 다른 데 옮겨서 유지를 하는 것보다 학교가 충분히 교육 시설이[을] 이렇게 만들어서 교육할 수 있고, 그걸 남길 수 있으면, 아픔의 자리도 굉장한 교육철학을 남길 수 있는 공간이다'[라고] 생각을 해서 가족들은 그것을 주장을 했고, 그렇게 그것을 교육청에서 해줄 거라고는 약간 믿음이 있었어요. 이것도 뒤통수를 맞은 거죠. 〈비공개〉

그래서 그것을 지켜내지 못한 것 때문에, 그리고 정말 우리가 지키려고 했던 이유가 그건데, 그걸 교육청에서 이야기해 가지고 안 먹힐 것 같으니까는 이제 학부형을 대동한 거죠. 단원고 학부형들을 선동을 해서 그 되도 안 하는 운영위, 그런 쪽을 이용해서 협의를 하느니 어쩌니, 협의도 제대로 안 하면서 일방적인 그런 주장을 하게끔 만들고, 그렇게 해서 부딪힘이 있었죠. 그것도 정말 엄청난 큰 트라우마였어요. 가족들 너무 힘든 과정이었고, 되게 힘들었지 사실은. 왜냐면 진정성이라는 거, 다른 곳도 아니고 안산이잖아요.

면담자   교육청하고 정부하고는 또 다른 거니까요.

재욱 엄마   예. 다른 거죠, 안산이고, 그다음에 학교가 아이들이 살아 숨 쉬는 공간이고, 그런 거면…. 근데 이제 '교육의 잘못이다'라는 걸 인정하기 싫었겠죠. 왜냐하면 그게 나중에 드러나면, 저희가 진상규명에 교육, 그 수학여행의 과정들은 일부러 강하게 이야기를 안 했어요. 왜냐면 교육청에 그걸 안 물었어요, 잘못을. 잘잘못을 일부러 안 물었어요. 왜냐면 '아이들 문제기 때문에 민감하고, 때가 되면, 잘못 가면 물을 것이다' 하고 유보를 해놓은 상태였는데, 학교 일을 그렇게 처리를 한 거죠, 만만하게 봤는진 모르겠는데.

면담자   정부하고의 싸움하고는 또 다른 맥락이네요.

재욱 엄마   예, 예. 너무 괘씸한 거였죠. 학교에 더 실망을, 교육청에 더 실망을 한 거죠, 사실은. 그러니까 서로가 핑퐁, 미루는 거예요, 교육청은 단원고, 단원고는 교육청으로. 그런 상황들이 계속 됐었고, 결국에는 교실을 빼긴 빼야 되는데 시기적인 게 문제였던 거잖아요. 그러면 "12월까지 인양이 된다고 하니 인양될 때까지만 그러면 보류를 시켜라"라고 했는데 그게 학사 일정이 어쩌고저쩌고해 가지고 이제 빼주는 걸로 막 이런 식으로 이야기가 되고, 그 과정에서 서로가 상처가 굉장히 컸죠. 근데 언젠가는 빼야 된다고 하면, 사실 지금 인양이 안 됐잖아요. "인양 안 되면 그럼 어떻게 할 거냐", 그런 얘기가 지금쯤 나왔겠죠, 올해까지 버텼다면. 근데 뭐, 그럴 수밖에 없는 상황에서 그렇게 정리가 됐고….

지금은 단원고 쪽을 쳐다보면서 솔직히 지금 오줌도 안 싸요. 단원고에서 무슨 짓을 하든지 알아서 하라고, 이제는 관심 밖이 되어버린 거죠. 안 그러면 저희가 단원고를 가지고 저걸 우리가 혁신학교로 만들고, 학교를 교육철학의 장으로 만들어서 부모들도 이렇게, '아름답게 교육으로 아이들을 승화시키리라', 이렇게까지 생각을 했었는데, 그런 공간이 학교라고 생각했었는데, 아예 이제 쳐다도 안보는 그런 상황으로 만들어버린 게 학교 측 이거하고 교육청의 행태죠.

학교 측은 잘못을 교육청에 미루고 교육청은 학교 측에 미루고 그런 상황이 됐는데, 결국에는 뒤에서 다 이간질을 한 거예요, 그들이, 가족들이랑 이렇게 해서 아마 빼는 걸로. 이게 정책적으로 운영위 쪽 사람들 성향을 보면 반(半)보수적이거든요. 보수적인데, 그러니까 참사의 당사자라고 이야기, 아니 그 "같은 학부형이다" 하고 학교에 이야기를 하는데, 자기네들도 피해자다, 막 이런 식으로 나오고. 왜냐면 "교실이 저렇게 존치되어 있는 것 때문에 학생들이, 3학년들이 공부를 못 했다. 공부를 못 한다. 정신적인 피해가 있다" 이런 식의 어거지 주장을 해오는 그런 행태를 보면 일베나 지금 국정원에서 조작하는 내용이나 일맥상통한 거예요. 그래서 그들이 아마 그런 사주를 받지 않았을까 하는 모종의 의심들도 가족들은 하죠. 그건 아니지만, 그 교실을 빼는 과정에서 폭력 사태가 있었잖아요. 그 과정에서 그들을 만나서 진술을 하는 걸 들어보면 다 거짓말이라는 거죠, 그 느낌이. 다 거짓말 같은 거죠. 진정성이 없는 거예요. 넘어가야 되는 거고, 그거는…. 정확한 사실이 아니니까 말씀드릴 순 없지만, 같은 지역 내에 살면서 같은 아픔을 공감한다는 사람들 입에서 나올 수 있는, 그리고 상식적인 상황들은 아니었다는 거예요.

그러니까는 쳐다도 안 볼 수밖에 없는 상황을 만든 거고, 그들하고는 척 아닌 척을 지게끔 하는 그런 상황을 만들어버리게 만든 거고, 단원고가. '우리 아이들이 다니던 학교였지만 학교가 어떻게 되든 우린 상관없다'. 뭐, 이 학교가 명문고가 되든 아니면 학교가 없어져버리든, 뭐라 그러나? '지금까지 이렇게 생각했던 것, 이렇게 깡그리 무시당했는데 더 이상 뭘 어떻게 우리가 해주길 바라?' 이런 억한 감정까지 만들어놓은 게 학교 사태라고 보시면 돼요. 그래서 교육청으로 옮겨서 지금 안산교육지청에 아이들 장소가 있지만, 완전히 지금은 뭐….

나중에 그것이 민주시민교육[원]으로 복원이 될지 안 될지는 모르겠지만, 교육청에서는 복원한다고 하는데 그것도 우리 유가족들이 "못 간다, 안 간다"고 하면 갈 이유가 없는 거거든요, 사실은. 완벽한 복원이라는 게 어딨어요. 단원고를 벗어난 순간 그런 교육적인 의미들은 다 허물어졌다고 보시면 되고, 그걸 우리가 선진국형 사고를 가진 사람들이라면 '이걸 유네스코에 등재를 해서 이건 역사의 기록으로, 아픔으로 남겨야겠다, 그 아우슈비츠처럼', 그런 상황들을 우리는 생각을 못 하는 거죠. 왜냐면 세월호 없애기, 지우기에 동조를 한 사람들이니까 있을 수 없는 일이 되는 거죠. 우리 가족은 그렇게 되면 "어우 땡큐, 정말 감사합니다"가 되겠지만, 그렇지 않을 거라는 걸 알면서도 '그랬으면 참 좋겠다. 이 아픔이 우리한테는 그냥 아픔으로 무너지고 더 이상 의미가 없는 삶이 됐지만, 나머지 남아 있는 후세에 대한 정말 엄청난 교훈을 가지고 아픔의 교육이 될 수가 있을 텐데, 이것을 거부하는 우리 대한민국의 현실은 아직도 멀었구나' [하고 생각을 하게 되는 거죠].

근데 현실을 직시하는 거죠. "이런 사고가 두 번 다시 일어나지 않으리라는 보장을 못 한다" 이런 말을 해버리게 되는 거죠, 안 났으면 좋겠는데. 지금 사고 이후에, 참사 이후에 이렇게 진행되어 가는 해결 과정을 보면요, 딱히 이 정부의 문제만이라고 할 수 없는 게, 이 시스템적인 문제가 극명하게 드러나 있는 상황이기 때문에 이런 사고는 또 난다는 거예요. 그걸 저희는 피부로, 직감적으로 아는 거죠. 그래서 그걸 막아보려고 백년지대계를 생각하고, 교육도 생각하고 교훈으로 생각을 하는데, 그런 것들이 아무 의미가 없는, 깡그리 무시된 거죠.

그래서 그런 데서 오는 자괴감이 더 큰 상처였다는 거죠. 지금도 마찬가지고요. 단원고 쪽으로는 오줌도 안 보고요, 교육청 쪽으로는 숨도 쉬기 싫어요. 이제 엉뚱하게 튀는 거죠. 이 반항이 있잖아요? 정부로 튀었던 것이, 교육청도 똑같은 상황이었던 거예요. 다르리라고 생각했거든요. 믿었던, 두 번이나 이제 저희는 발등을 찍힌 경험이 있는 거예요. 그러니까 되게 힘들었어요. 왜냐면 아이들하고 직접적인 연관이 있는 장소였잖아요. 그래서 더 힘들었던 거 같아요. '이게 순 거짓말이다. 교육청이 뭐, 민주교육 어쩌고저쩌고하는 거 다 거짓말이다' [하고 생각하게 되는 거죠].

면담자   2016년 8월에 교실 빼고 옮길 때의 이야기도 이어서 해주시면 좋겠습니다.

재욱 엄마   어, 빼는 것까지 이야기를 해버렸네요. 그 교실 존치를 해야 된다고 하는 과정도 굉장히 복잡했거든요. 아팠거든요. 근데 생각만 통합이 되면 그 과정이 그렇게 어렵지만은 않은 거였는데 '그걸 당연히 지속해야 된다'라고 생각하는 우리, 그러니까 진상 규명 당연히 해야 하는 일이라는 것과 똑같은 거죠. 근데 존치를, 이유는 모르겠어요. '무조건 존치를 하면 안 된다'라고 하는 그 '진상 규명 무조건 되면 안 돼', 이 뒤에 숨어 있는 내용이 똑같은 거예요. 왜 그럴까? 양심이고 이런 거를 떠나서 생각 한 끗 차이인데, 그거를 사회 교훈으로 남겨야 된다는 생각 자체를 아예 안 하는 거예요. 그걸 왜 안 하게 됐는지는 모르겠어요. 그니깐 "하면 안 된다"라고 이야기를 하는 거죠. 거기서 오는 차이인 거예요. 그 뒤에 뭐가 있을까? 숨은 국가 폭력이 있다는 거죠. 교육 폭력이라고 저는 이야기했어요.

교육도 교육부는 정치잖아요. 왜, 그게 경기도교육청에서 한 얘기가 아니고 교육부에서 한 얘기죠. 교육부의 지침에 의해서 이렇게 된 거잖아요. 그러니까 교육부가 그렇게, 지금 교육부 보세요, 엉망진창이잖아요. 역사 왜곡하고 있죠, 교과서 왜곡하고 있죠. 그게 다 일맥상통한 거죠. 그러니까 지금 그 세월호 교과서 얘기가 나왔잖아요, 세월호 교과서. 그것도 못 쓰게 만드는 그런 상황들이 전교조가 핍박받는 거하고 똑같은 거죠. 그러니까 '세월호 사건을 부각시켜서 역사의 교훈으로 남기겠다'는 생각 자체가 없는 거예요. 부각되면 오히려 골치 아프고 피곤하니까 하나의 사고로, 교통사고로 치부해서 '그냥 있었다' 이렇게만 남겨놓고 싶은 거예요. 근데 절대 그거 용납 못 하죠, 저희는. 역사 교과서에 한 줄을 넣더라도 제대로 된 내용을 넣어야 된다는 게 저희 생각인 거죠. 그 작업 할 거예요.

면담자 예, 예. 유가족들이 참으로 긴 안목에서 세월호 관련 교육의 문제를 생각하고 계신 듯합니다.

재욱 엄마 평생 싸워야 되죠(웃음). 몇 년만 하고 말까…. 아이고 저기 5·18은 30년인가, 20년인가?

면담자 5·18은 1980년이죠.

재욱 엄마 예, 그러니까 30년이죠? 한 10년 만에 시작을 했다 하더라고요, 이렇게 드러내고 진상 규명을 하고 하는 게. 우리는 5년, 이러니까 "너무 빠르지 않냐", 그런 얘기도 했는데. "우리는 살아 있는 생생한 증언자들이니까 조금만 더 당깁시다" 해서 5년을 잡고 있는데…. 근데 그것도 너무 힘들잖아요, 보수들하고 [싸워온 게 벌써] 3년이 [넘었잖아요.

면담자   햇수로는 벌써 4년째 됐습니다, 2017년이니까.

재욱 엄마   예, 예. 근데 저희들은 멈춰 있거든요, 모든 그 상황에. 얘기를 하잖아요, 멈춰 있는 게 많은 거예요. 안 흘러요. 약간 흘려보려고 했는데, 안 흐르더라고. 이번에 명절이라서 시골에 3년 만에 갔거든요.

면담자   창원이라고 하셨죠?

재욱 엄마   예, 창원. 근데, 그들은 그냥 3년 전의 상황을 그냥 계속 살고 있는데, 지금 나이 좀 더 먹었다는 것 말고는 변한 게 없는데, 우리는 그거조차 너무나 많이 그 상태에 머물러 있는 거예요. 그런 게 느껴져요. 그러니까 이 사회가 함께 흘러서 움직이고는 있는데, 딱 정해져 있고, 가고 싶은 곳, 가야 하는 곳, 딱 정해져 있고, 멈춰서 흐르지가 않아요, 지금.

면담자   알겠습니다. 나머지 질문은 다음에 또 만나서 드리도록 하겠습니다. 지금 벌써 2시간이 돼버렸네요. 시간이 금방 가는 거 같습니다. 많이 피곤하실 듯해서 오늘 구술은 마무리 지으려 합니다.

재욱 엄마   몇 개 이야기 안 한 거 같은데. 왜냐면 제가 이런 줄 알았으면 언제 언제, 이런 걸 뽑아 와서 그때 왜 그런 저항을 했는지를 [이야기했으면 좋았을 걸 그랬어요].

면담자   다음 구술하실 때 가져오시면 앞에서 못 했던 이야기 한번 체크해 보면서 하실 수 있도록 해보겠습니다.

재욱 엄마   그때 왜 그 싸움이 있었는지, 그런 거. 한번 찾아볼게요, 안 되면 그냥 넘어가고. 그거 좀 주시면 안 될까요, 오늘 했던 거? 그걸 주시면, 제가 찾아서, 헷갈리는 게 뭐냐 하면 영정 사진을 우리가 들고 KBS 갔던 기억이 나고, 그 뒤에 또 [갔던 기억이 있는데], 그게 똑같은 거 같아, 광명 가면서 그랬던 거랑. 삭발하면서 영정 사진 안 들었던 거 같거든요, 근데 들었다고 하시니까.

면담자   저는 든 걸로 알고 있습니다.

재욱 엄마   삭발할 때 들었다고? 그때가 그거였죠? 처음에 삭발은 광화문에서 하고, 그다음 주에 그 걷기하기 전에 삭발을 했어요. 그리고 그때 영정을 들고 도보로 해서 KBS를 가고, 청와대 앞에 간 거죠. 그 연장선인 거 같거든요. 그니까 영정을 한 번 들었어, 한 번 들었어요.

면담자   거기 리스트가 2014년부터 쭉 있습니다. 거기 보시고요, 다른 어떤 기록 같은 거 가져오시면 다음에 이야기할 때 많이 도움 되겠습니다.

재욱 엄마   그래서 이 구술이 필요한 거죠, 자꾸 생각[이 헷갈려서요]. 이걸 아버님들은 정확하게 정리를 하고 있더라고요. 근데 저는 모든 활동이라서 빠진 게 거의 없어요. 국정조사 하는 거 3일 하는 거, 거길 제가 한 번인가 가서 3일을 앉아 있는데 마지막에 제가 한 번인가 돕고 그랬던 거 같고요. 그때 3일을 내리 계셨던 분이 있고, 저는 한 번인가 갔고. 다른 것 때문에 또 갔을 수는 있는데 그건 제가 헷갈리는 거죠, 국회를 몇 번 갔으니깐요.

면담자   네, 감사합니다. 이것으로 오늘 구술 마치겠습니다.

재욱 엄마 홍영미

3회차

2017년 2월 14일

1 시작 인사말

2 고(故) 백남기 농민 대책위와 세월호 유가족 연
   대 투쟁

3 2016년 1월 10일 기억과 약속의 길

4 2016년 8월 16일 단원고 교실 이전

5 세월호 유가족 해외 방문

6 생명안전공원 설립 추진 과정

7 4·16 이후 활동 동기, 힘들었던 점, 인생 계획

1
시작 인사말

면담자 본 구술증언은 4·16 참사에 대한 참여자들의 경험과
기억을 기록으로 남김으로써 이후 진상 규명 및 역사 기술에 기여하
고자 합니다. 지금부터 홍영미 씨의 증언을 시작하겠습니다. 오늘은
2017년 2월 14일이며, 장소는 안산시 단원구 온마음센터입니다. 면
담자는 김태우이며, 촬영자는 김솔입니다.

2
고(故) 백남기 농민 대책위와 세월호 유가족 연대 투쟁

면담자 지난번에 재작년 이야기를 했었는데, 맨 마지막에 있었
던 게 백남기 농민 뇌사 사건 일어났던 그날, 거기 가족협의회에서도
민중총궐기에 같이 참여했습니다. 어머니께서도 참여하셨어요?

재욱 엄마 백남기 어르신이 계셨던 곳은 이쪽이었고, 저희는 그
쪽, 저 시청 쪽 아닌가? 아니 안국동 쪽인가? 그쪽에서 한참 투쟁하고
그랬을 상황, 하여튼 같이 있다가 이동하는 상황에서 그런 상황들이
계속 발생이 됐었고, 그 투쟁을 하고 있었고, 나중에 투쟁하는 과정에
서 '어르신 쓰러졌다, 그런 게 있었다'라는 걸 알고 저녁에 이제 막 이
렇게 회자가 됐잖아요, 매스컴에. 그리고 페북, 페이스북에 많이 그런
생생한 현장이 생중계로 올라오고 해서 그때 많이 알게 됐죠.
　그니깐, 백남기 어르신에 대한 그 부분은 너무나 솔직히 가슴 아

픈 게, 가장, 물론 그 민중총궐기가 그때 쌀값 투쟁, 노동자 농민 투쟁 그게 이제 되는 상황이었는데, 가장 투쟁의 근본에 계셨던 분이고, 기본이 되셨던 분이고, 농민이었잖아요. 그런 분이 투쟁을 대표해서 물대포를 맞고 그런 상황이 되는 과정에서 너무나 가슴 아팠죠. 또 다른 세월호를 보는 느낌? 그런 느낌들이 굉장히 강했어요, 저희 가족들한테는. 진짜 큰 아픔이었죠. 그날 저녁에 병원에 가셨단 말을 듣고 기도도 많이 하고 했는데, 우리가 겪었던 그 경험, 그것을 '그 가족들이 얼마나 황당하겠냐'라는 것을, 그 느낌을 말로는 표현 못 해요.

면담자   그때 그 사건이 일어나고 정부에서 또 감추려고 했죠. (재욱 엄마 : 예, 예) 그리고 "물대포가 직접 사인이 아니다" 그러면서 노란 우비를 입은 사람한테 (재욱 엄마 : 빨간 우비) 예, 그런 사람한테 덮어씌우고 (재욱 엄마 : 예, 덮어씌우고) 그런 게 여러 가지로 이제 세월호 이후에 있었던 정부의 대응 방식과 비슷했다는 거죠?

재욱 엄마   예. 비슷했고, 그전에 왜 그런 저항에 대한, 투쟁에 대한 그런 정부 대처 방안이 있었잖아요, 똑같았다는 거죠. 그것을 호도하고, 매도하고, 정반대의 시각에서 덮으려고 하니까 말도 안 되는 증거자료를 막 들이대고 그랬던 거…. 결국에는 경찰의, 공권력의 그것도 국가 폭력인 거죠. 명확한 거예요, 그건. 저희도 그 자리에 직접, 세월호를 체험한 당사자로 그동안의 경험을 쭉 이야기를 하다 보면 그것은 명백한 국가 폭력인 거죠.

경찰, 정말 우리나라 경찰 너무너무 나빠요. 자기네들 잘못은 하나도 없는 거잖아요. 그 뒤에 그런 시뮬레이션도 했잖아요. 물대포가 얼마나 위험한 것이며, 물대포 그 자체가 불법이잖아요. 그런 것을 합리화시키는 공권력을 보면서 '정말 이거는 국가 폭력이다', '국가가 아니다' [하는 생각이 들죠]. 그것을 타파해야 하는데 철벽같은 경찰 벽, 차 벽하고 똑같은 거죠, 그런 느낌인 거죠.

면담자　　그리고 계속 정부에서는 사인을 인정하지 않고 그래서 장례를 치르지 않고 서울대 병원 영안실에 계속 있었지 않습니까? 그때 세월호 유가족들이 같이 연대해 주셨었지요?

재욱 엄마　　처음에 이제 기자회견도 하고, 그 가족들의 싸움은 말로 표현할 수 없는 거잖아요, 사실은. 그 과정들이 저희 싸움하고 똑같았고, 사실은 공권력 앞에서 무너질 수밖에 없는 상황들을 투쟁의 과정에서 우리가 너무나 많이 봐왔고, 그리고 이제 백남기 어른 투쟁에서 그것이 예견이 되잖아요. 그 예견대로 흘러갔고, 아니나 다를까 그런 식으로 흘러갔는데, 그것을 그런 경험들이, 투쟁의 경험들이 많으니까 예방을 할 수 있었다고 보기도 하죠. 그래서 그렇게 싸울 수 있었고, 그렇게 싸워야만 우리가 똑같은 결론을 도출 안 하는 거죠, 사실은.

그리고 결과는 달랐잖아요. 지금은 어쨌든 완전히 사과를, 경찰의 사과를 받고, 완전히 합법적으로 진상 규명이 확실히 된 건 아니잖아요, 지금도 싸우고 계시긴 하지만. 그래도 그 정도의 진상 규명 과정을 도출해 냈다는 것은 그동안의 싸움의 경험에서 비롯된 놀라운 결과라고 해도 저는 상관, 그냥 뭐, '저희들의 싸움의 경험이 굉장히 중요했다, 싸움의 결과를 도출해 내는 데에 있어서 굉장히 잘 현명하게 대처를 했다'[라고 생각해요]. 그리고 그 과정에 있어서 저희는 물론 그 투쟁위원회가 있었잖아요. 물론 그 백남기 어르신 투쟁위원회가 있었는데 그것을 참 잘하셨고, 저희를 거울삼아 그런 것들도 잘 대처를 했다고 생각을 하고요.

다른 걸 떠나서 저는 어르신의 그 희생이 굉장히, 그전에 저한테도 인연은 있었어요. 아주 제가 젊었을 때 애들도 어리고 그랬을 때, ≪농민신문≫을, 제가 시골 출신이거든요, 화장실에서 ≪농민신문≫을 이렇게 봤는데, 그 ≪농민신문≫에 뭐라고 나와 있냐면, "우리 시대의 농민". 백남기 어르신이 밀 농사를 지었잖아요. 근데 이제 아이들이 시골에서 같이 자랐는데, 그 아이들, 백남기 어르신의 농민 칼럼이 한번 나왔었어요, 거기에. "아이들 이름을 백두산, 백도라지, 백민주화 이렇게 지어서 이렇게 밀 농사를 짓고 있는 훌륭한 농민이 있다"는 칼럼을 제가 본 적이 있어요. 그게 한 30년 전이었던 거예요. 그게 굉장히 각인이 되어 있었거든요.

면담자　　　이름이 특이하네요.

재욱 엄마　　　예, 아주 독특해 가지고. 왜냐면 저도 시골 출신에 농민의 자손이고, 그리고 대학을 통해서 도시에 왔지만 그런 시골 정서가 있었고…. 근데 그게 굉장히 각인이 되어 있었거든요. 근데 이제 백남기 어르신 겪고 제가 이렇게 회자를 해보니까는 그분이 그분이셨던 거예요. 그래서 너무 놀라웠던 거지.

그래서 제가 하는 얘기가, 간담회 같은 걸 하면 이렇게 얘기를 해요. 민간 잠수사 우리 김관홍 잠수사님이 계셨고, 그다음에 백남기 어르신이 계셨고, 그다음에 우리 아이들이 있잖아요. 그러면, "아마 이들이 망해가는 대한민국에 보이지 않는 에너지를 보여주고 있는 거 같다. 아이들이 이 대한민국을 이렇게, 보이지 않는 세상에서, 이 나라만큼은 우리의 희생이 헛되지 않게끔 개조를 시켜야겠다는 그런 막연한 느낌에서 정말로 정의로운, 아저씨[김관홍 잠수사]의 정의로움이 필요했었고, 백남기 할아버지, 어른의 혜안이 필요했었다. 그런 슬기로움, 할아버지가 자손들에게 내려줄 수 있는 그런 슬기로움이 필요해서 한자리에 앉아서 원탁 테이블에서 매일 같이 회의를 하고 이 대한민국을 어떻게 꾸려나갈지 그런 노력들을 하고 있는 것 같다"[라고 이야기를 해요].

"그런 에너지들이 우리한테 이렇게 회자되고 있고, 메시지로 알려주는 것 같다. 어르신의 희생, 그다음에 민간 잠수사 김관홍 아저씨의 희생, 우리 아이들의 희생, 그런 것들이 굉장히 가치 있다는 것을 우리에게 맺어주고 내려주고 있는 것 같다"[라고 이야기를 하죠]. 예사로운 분들이 아니잖아요. "그렇게, 어쨌든 간에 목숨을 내려놓고 그들의 혜안이나 슬기로움, 지혜가 필요하지 않았나…. 해서 함께 원탁 테이블에 모여 앉아서 회의를 하고 있을 것 같다, 지금도. 그 메시지를 계속 우리한테 주고 있는데, 우리가 그것을 제대로 알아듣고 있는지…", 그런 얘기들을 간담회 가서 해요. 굉장히 형이상학적이죠? 그런 느낌이 많이 들었다는 거예요, 그 당시에.

그 백남기 어르신의 희생을 보면서 저희가 굉장히 투쟁을 많이 했잖아요, 제2의 세월호 투쟁이라 할 만큼. 그런 투쟁이 범국민적으로 일어났거든요. 그리고 지금 촛불 민심의 기폭제가 된 거죠. 세월호가 있었고, 그 세월호 투쟁을 통해서 백남기 어르신의 투쟁 과정도 있었던 거고, 그리고 그 전에는 그런 민간 잠수사의 희생을 통해서 그 사람이 가지고 있는 정의로운 가치들이 우리에게 또 이야기가 됐었고,

그것을 기점으로 계속 세월호 투쟁이 민중총궐기까지 이어지고 있는 상황에서 지금 촛불 민심으로 왔잖아요. 그래서 '그런 희생들이 정말로 대한민국의 모습을 만들어낸 그런 과정들이 아니었나' [싶어요]. 제가 투쟁이라고 이야기를 하는데, 가슴 아픈 얘기지만, 그런 투쟁이라는 표현보다는 그런 간절함들이 묻어나 있는 그런 과정들이 아니었나 싶어요.

그래서 아마 이게 시간이 지나고, 지금 대통령 탄핵 국면까지 왔는데, 이것이 조금 시간이 더 지나면서 우리가 돌아왔던 길을 이렇게 되돌아보면 그런 가치들이 다시 회자되지 않을까, 그 시기가 꼭 올 거라는 거죠. '교훈으로, 역사의 교훈으로 남는 그런 희생들이었다'라는 생각을 해요. 그 투쟁 요소요소 다 있었죠. 처음에 어르신 쓰러졌을 때 병문안도 갔었고, 중환자실은 못 가고, 중간중간 가족들하고 소통을 가족협의회에서 했었고, 상황들이 있을 때마다 기도회를 계속하잖아요, 백남기 어르신의. 그렇죠, 회생하실 수 있도록 얼른 일어나실 수 있도록 기도를 할 때마다 가족들이 참여를 했었고.

면담자　　　정기적으로 했었습니까?

재욱 엄마　　　계속, 그 매일 했었잖아요, 서울대 앞에서 천막에서 투쟁, 백남기 투쟁 위원횐가 거기서. 대책위, 백남기 투쟁 대책위에서 매일매일 기도회를 했었고, 그래서 저희들이 갈 수 있는 가족들은 상황이 될 때마다 개인적으로 갔었고, 주말에 한 번씩 촛불집회 있을 때마다 저희가 같이 합류를 했었고, 그다음에 이제 어르신 돌아가시고 나서 시신 저희가, 탈취 이런 문제가 있었잖아요.

면담자   영장이요?

재욱 엄마   영장 발부 그 전에 영안실로 모시고 할 때 시신 탈취당
하지 않을까 해서 몸싸움하고 할 때도 가족들이 같이 참여를 해서 몸
싸움도 같이했었고, 그런 기자회견 같은 거 할 때도 같이했었고, 그
뒤에 일어났던 투쟁, 영안실에서 오랫동안 투쟁을 했었잖아요. 그럴
때마다 저희 가족들이 참여를 했었고, 대책위 활동도 했었고, 저희 가
족들이 주말에 촛불 있을 때는 단체로 일부러 와서 자리를 지키기도
했었고…. 그런 투쟁들이 다 이렇게 가족들이 있었기 때문에, 그 가족
들이 굉장히 현명하게 대처를 했었고, 사실은. 저희는 이렇게 도와주
는 입장에서, 힘을 보태는 입장에서….

면담자   백남기 농민 가족분들께서도 잘 대처를 하셨고.

재욱 엄마   예, 예. 대책위에서도 잘 대처를 하셨고. 저희가 계속
싸우고 있는 과정이었잖아요. 같이 연대 투쟁, 그런 것들도 계속했었
던 거죠. 지금은 아실 거예요, 가족들도. 어머니[부인]하고 자녀분들
계시잖아요. 저희보다 어려요, 그분들이. 근데 이제 한번은 촛불, 어
르신 돌아가시고 나서 한참 많이 촛불에 어르신 어머니[부인]가 오셨
어요. 그래서 같이 걸으면서, 손 꼭 잡고 걸으면서 이런저런 얘기도
하셨고, 그러면서 잘 견디[라고] 서로가 격려를 하죠.

　　어머님은 저흴 보면서 "그런 과정을 어떻게 이렇게 힘겹게 견뎠느
냐", 격려해 주시고, "어머님 참 드릴 말씀 없다"고 저희가, 그런 얘기
들도 많이 하고…. 그다음에 잠수사, 민간 잠수사 어머니도 자식을 잃
은 거잖아요, 그분은. 그분도 연세는 다르시만 그 연세에도 돌아가시

고 나서 6개월 한참 흘렀는데도 아직도 이렇게 생생한데, 우리보고 격려를 해주시고…. 저희는 젊은 나이에 그런 일을 겪었잖아요. 그래서 자기가 겪어보지 않았을 때는 그냥, 그냥 느낌으로 왔는데, 자기가 직접 자식을 먼저 보내고 나니까 이제 알 것 같다고, 미안하다고….

면담자　　어머님 연세가 어느 정도 되시는 거예요? 잠수사 김관홍 씨 어머니요.

재욱 엄마　　잠수사 어머니는 연세가 많죠. 육, 칠십? 육십에서 칠십 정도 되셨던 거죠, 그분들도.

면담자　　백남기 농민 부인하고 연배가 비슷하신가요?

재욱 엄마　　연배가 비슷하겠죠. 그런 상황인 거죠, 자제분들 나이가 저희랑 비슷하니까. 그렇게 대한민국에 이렇게 유가족들이 한 명씩 한 명씩 아픈 유가족이 생기는 거잖아요. 그니까 사실은 세월호 때문에 이렇게 연결된 투쟁에 있어서의 희생들이잖아요. 세월호 사건이 없었다면 그런 아픔이 없었을 거라는 생각도 드는데, 그것들을 뭐라고 할 수는 없는 거죠, 저희가. 뭐라고 이야기하겠어요, 같은 연장선에서 일어나는 일들이라서.

저희 같은 경우에는 물론 그 이전에 많은 유가족분들 계시고 이렇게 투쟁하신 분들도 있지만 세월호 사건 때문에 드러난 거잖아요. 이 모든 지금 상황의 기폭제가 세월호 사건이잖아요. 지금 묻어뒀던 것을 세월호를 통해서 터져 나온 거잖아요. 그 모든 중앙에 핵폭탄처럼 저희가 웅크리고 있다는 게 아직도 저는 용납이 안 되죠, 납득이 안 가고. '내가 왜 이런 상황, 이런 환경의 주인공이 되어 있지?' 한마디로 말해서 그게 아직도 안 받아들여져요. 아이들의 죽음이 받아들여지지 않듯이 지금 나의 입장이 안 받아들여지는 거죠. 3년이 지났는데 내가 지금 재욱이 엄마로서 이렇게 이야기를 하고 있는 이 모습도 뭐, 아직까지는 납득이 안 가는 거예요, 받아들이기 싫다는 거지. 3년이 지났지만 시간은 그냥 시간일 뿐이죠. 지나간 과정일 뿐인데 그냥 멈춰 있다는 거, 아직도 멈춰 있다는 말씀, 드릴 수 있겠네요.

면담자   예. 지난번 면담 때 제가 여쭤봤어야 할 질문이었는데요, 3차 면담 앞부분에서 여쭸습니다. 잘 답변을 해주셔서 감사드립니다.

재욱 엄마   네. 기억 안 나요. 녹음돼 가 있으니까 그거 참고하면 될 거 같은데(웃음).

3
2016년 1월 10일 기억과 약속의 길

면담자   이제 2016년으로 넘어가서 1월 10일 날 겨울 방학식 때 기억과 약속의 길이라는 (재욱 엄마 : 기억과 약속의 길. 그 프로그램처럼 이렇게 순회) 프로그램에도 참여하셨죠?

재욱 엄마   자주는 아닌데, 기억과 약속의 길은 우리 아이들이 살아생전에 학교를 왔다 갔다 했던 그 길을 순례를 하는 거잖아요. 아이들이 놀았던 그 길, 거기서 이제 학교에서 분향소, 아이들이 늘 왔다 갔다 하던 그 길을 통해서, 화랑유원지에서 애들이 가장 많이 놀고 했는데 거기가 분향소가 있잖아요, 분향소까지. 그때까지는, 2016년에는 거기까지를 그렇게 순례를 하고, 많은 분들이 [4·16]기억교실 있잖아요, 학교가 교실이, 아이들이 남아 있잖아요. 사실은 그게 생생한 교훈의 현장이거든요. 그 빈 교실을 보면서 말이 필요 없는 거죠. 그래서 이제 많은, 특히 학교 선생님들이 아이들을 데리고 체험 현장처럼 그 현장을 보여주는 거예요. 우리가 이래서 이 현장을 눈으로 보고, '백 번 듣는 것보다 한 번 눈으로 보는 게 더 중요하다', 그래서 그 현장을 와서 보고 '얼마나 이게 끔찍한 참사고 생명은 소중한 것이고 우리는 앞으로 어떻게 살아가야 되겠다'라는 교훈을 그대로 드러내는 장소가 학교거든요.

근데 그 학교 장소에 와가지고 선생님들이 하는 얘기가 있어요, "그냥 왔었는데, 그냥. 오기 전에는 그냥 마음, 추모하는 의미, 기념하는 의미로 해서 왔는데, 그 자리에 와서는 말을 할 수가 없다…". 그런 교훈을 얻고 가는 거예요.

면담자　　　아, 거기 왔었던 선생님들이요?

재욱 엄마　　　예, 선생님들이 "내가 너무나 얼마나 착각을 하고 있었나, 이 현장을 보기 전까지는 생명이라는 이야기, 안전이라는 이야기를 그냥 입으로 떠들고 있지 않았나, 가슴으로 와닿지 않고 그냥 머리로 이야기를 하고 있었는데 그 현장을 보고 나서는 그냥 가슴으로 와닿았다"는 거죠. 말을 할 필요가 없는, 그런 정말 생생한 교훈의 현장이었거든요. 그리고 약속할 수 있는, 약속의, 나와의 약속도 되고 미래에 대한 약속도 되고 자기 신념이나 미래의 가치관에 대한 약속도 할 수 있는 장소? 기억의 교실을 통해서, 그리고 기억의 길을 쭉 순례를 하면서 분향소에 왔을 때 분향소 영정 사진을 보면서 느끼는 그 막

막힘이라는 것은 말로 표현할 수 없거든요, 사실은. 그런 걸 보면서 기억[과 약속]의 길이라는 것이 사실은 큰 뜻이 있는 또 하나의 그런, 또 하나의 세계, 우리가 경험할 수, 경험하고 싶지 않지만 경험해야 하는 세계, 큰 교훈을 주는 그런 길이었는데 그것이 정리가 됐죠.

면담자　　교실이 정리가 되면서 그렇게 된 거죠? 그 교실이 있었을 때는 외부의 선생님들 와서 보고 이 기억과 약속의 길을 보면서 또 분향소 오고 이러면서 여러 가지를 생각할 수 있는 그런 기회가 됐는데, 교실이 빠져버렸으니까 기억과 약속의 길이 조금….

재욱 엄마　　변질이 된 거죠. 왜냐면 원판 불변의 법칙 같은 게 있잖아요. 그러니까 학교가 이전하는 순간, 거기서 느낄 수 있었던 현장, 학교 현장에서 느낄 수 있던 감흥은 없어졌다고 봐야죠. 근데 이제 어쨌거나 행정적인 절차 그런 것 때문에, 지금 생각해 보면 어차피 올해 정도 됐으면 교실을 빼줘야 되는 상황일 수 있어요, 3년 정도 됐으니까. 그런데 그것을, 학교 교실을 이전하는 상황이 얼마든지 우리가 아름답게 가치롭게 이전을 해서 마음에 짐이 없이 이전할 수 있는 상황임을 만들어서 아름답게 이전을 했어야 되는 건데, 거의 쫓겨나다시피 행정절차에 의해서 비워줄 수밖에 없는 그런 상황을 만들어버린 또 다른, 저는 교육 폭력이라고 생각해요.

면담자　　행정절차가 있었다고요?

재욱 엄마　　예, 행정적인 부분에 있어서. 왜냐면요, 작년엔 한창, 첫해에는요, "세월호를 우리가 기억하자" 그랬잖아요. 그런데 국가에서는 그것을 계속 막고 있는 큰 프레임, 세월호 없애기, 지우기 프레임에, 그때그때마다 국가적인 폭력이 있었는데, 우리는 그냥 거기에, 그 갇혀진 프레임 안에서 그냥 움직였었던 거 같아요. 학교도 마찬가지[고요]. 진상 규명이 첫해에는, 세월호가 2014년에는 사건 때문에 국가에서도 가만히 관망하는 상태였고, 2015년에는 세월호 없애기를 하고 있었어요. 왜냐면 1년 되면서 막 호도했잖아요. 유가족들이 원치도 않는 요구들을 많이 하고, 배·보상 문제로 흔들고, 빨갱이니, 노란 빨갱이란 얘기를 할 정도로 국가에 반하는 세력으로 된 것이 2015년.

그러면서 세월호를 빨리 없애기를 해야 된다는 그런 프레임으로 2015년에는 갔었고 2016년에는 세월호를 완전 지우기를 한 거죠. 그 동안의 국민들의 정보를 완전히 호도를 시켜서 세월호가 완전히 지워지는, 배도 "인양을 한다" 해놓고서는 계속 그렇게 3년을 끌어오는 게 말이 안 되잖아요. 국민들 반대 정서를 지금 뭡니까, 촛불시위를 호도하듯이, 매도하듯이, 태극기 집회를 가지고 반하는 세력으로 부각을 시키고 하듯이 세월호한테도 그랬거든요. 그러니까 2016년에는 세월호 지우기를 하면서, 학교 문제가 2015년까지는 그래서 학교에서도 교육청에서도 그냥 버티기를 하고 있었고, 아직까지는 유가족들 요구를 들어준다면서 그냥 이렇게 수수방관하고 있는 거였어요.

근데 이제 '2016년에는 그것을 어느 정도 정리를 해야 된다'라고 해서 협의를 하고 있었고, 그것을 어떻게 하면 아름답게, 어차피 뭐, 이것을 유지를 하느냐, 학교를, 아니면 교실을 이전하느냐 그런 문제를 논의를 하고 있는 과정에서, 원만한, 부드러운 협의가 안 이뤄졌죠, 왜냐면 인양이 안 되었기 때문에. 인양이 되면 그 아이들이 학교를 한번 들렀다가 저희가 합동 영결식을 하게 되면 얼마나 아름다운 결과를, 아프지만 그런 계획들을 세우고, "그래도 학교를 유지해 달라, 2016년까진" 그랬는데, 단원고 교장이 해마다 바뀌었어요. 교장이 한 해, 한 해, 한 해 바뀌었어요. 세 번이나 바뀌었다고요.

그 과정에 있어서 교육청과 교육부의 그 프레임에, 학교 없애기, 그러니까 흔적을 지워야 되니까요. 가치로운 교육의 현장으로 남겨놔야 된다는 것을 그냥 우리 생각과 시민들의 생각과 정말 교육부나 교육청에서 정말로 교육의 의미로 남겨놔야 되는 학교 현장을 지우게 한 거라고 보는 거죠. 그래서 저희는 이것을 학교폭력이라고 이야기를 해요. 교육 폭력이라고 저는 이야기를 하거든요, 국가 폭력에 버금가는. 사실은 굉장히 큰 축이었어요. 학교에[서] 아이들이 수학여행을 가다가, 행정적으로, 저희는 비행기 타고 갔다가 비행기 타고 오기를 많이 원했는데, 배 타고 갔다가 비행기를 타고 오는 그런 걸 선택을 했단 말이에요. 그건 교육부의 정책이었어요.

면담자   정책이었어요?

재욱 엄마   예, 그런 정책이 있었어요. 배를 타고 가게 하는 정책이었던 거죠. 그걸 이제 나중에 진상 규명을 해보면 다 드러나는데, 설문조사도 하고 그랬단 말이에요. 근데 그거하고 상관없이 이제 그런 식의 행정절차를 통해서 사실은 수학여행을 갔던 거고, 어쨌거나 이제 학교 문제고 어쨌거나 민감한 부분이고, 또 학부형들이 이렇게 운영위원회 이런 데서 연관이 되어 있었고 했기 때문에, 그것을 진상 규명, 지금 세월호 진상 규명, 왜 이런 사고가 났는가에 저희가 집중해 있는 상황이었기 때문에 학교 문제는 살짝 유보를 해놓은 상황이었어요. 그런 상황에서 책임자를 묻지 않았죠, 책임을. 교육청이나 학교나 교육부에다 묻지를 않았어요. 봐주기를 하고 있었던, 언젠가는 이거를 진상 규명을 해야 한다고 생각을 하는데….

그 와중에 학교를 유지를 하다가 2016년에는 그러면 저희가 "겨울까지는 유지를 해달라"고 했는데, [학교에서는] 7월인가? "여름 학기가 끝나고 가을에 아이들이 들어오기 전까지는 해달라" [했어요]. 왜냐면 "지금까지 학교를 다니고 있는 애들도 피해를 많이 봤다" 이런 식의 프레임에 많이 갇힌 거죠, 고3 애들의. 사실은 아이들은, '자기네들 목소리를 들어주지 않는다. 우리는 아무 상관없다. 이거 유지하고 이 교실이 유지됨으로 인해서 자기들은 그래도 위안이 된다'는 학생들의 의지와는 상관없이 행정적인 절차를 타서 교실을 없애버린 거죠. 그리고 학부형들, 지역의 무슨 운영위원 이런 사람들이 이기적인 집단 이기심을 발휘를 한 거죠, 어찌 보면. 저희 가족들은 아이들 일이기 때문에, 학교 일이기 때문에 목소리도 못 내고, 그런 상황이 있었고…. 그래서 교육청에[서]만 피케팅을 한 거죠. 경기도교육청에서 저희 의지를 표명을 했는데, 사실은 '아, 몰라' 했죠. 〈비공개〉

[경기도 교육감] 딴에는 대표들을 만나서 이야기를 하려고 했다고 하시는데, 초창기에 2015년인가? 그분이 되고 나서 초창기에 조금 이렇게 교류가 있다가 이런 부딪힘이 진행될 때에는 이 사람이 아예 교육청에서, 경기도교육청에서 책임지지 않은 거죠. 그러니 그 밑에 있는 책임자들은 책임 안 지려고 하죠. 결국에는 유가족과 재학생 학부모들 사이에 싸움을 만들어버린 거예요. 그런 갈등을 만들 이유가 없었거든요. 그리고 학교 측에서도 너무 대처를 잘못했고. 〈비공개〉

진상 규명의 큰 틀이 있고 학교 아이들의 교육의 큰 틀이 양대산

맥으로 가서 같이 해결이 되어야 되는데, 똑같이 결과가 돼버린 거죠. 그 3년간의 과정들, 싸움의 과정들을 보면서 '아, 세월호 진상 규명이, 세월호 싸움이 터졌고 세월호 없애기를 하고 세월호 지우기까지 같이 발맞춰서 그 프레임으로 가고 있었구나' 하는 것이 지나고 나서 알게 되는 거죠. 이제 다 드러나는데, 저희가 진상 규명 과정에서 학교 측은, 교육부 측은 어떻게 진행을 할지는 아직은 미지수인데, 그런 것도 준비를 하고 있어요, 사실은.

4
2016년 8월 16일 단원고 교실 이전

면담자   2016년 8월 16일에 단원고 교실을 안산교육지원청 강당 쪽으로 옮겼는데, 그때 어머님도 참여하셨는지요?

재욱 엄마   그때 이제 옮긴다 하고, 기억, 뭐지, 추모제는 아니고, 그 행사를 했잖아요. 그 이름을, 갑자기 생각 안 나는데[기억과 다짐의 밤], 그런 이제 아이들 위한 음악회를 했잖아요. 그러면서 이제 안 할 수는 없고, 아이들 마지막 정리해서 가는 길이잖아요, 그것도 참석을 했었고…. 그러면서 기쁘진 않죠, 부모들이. 학교를, 아이들의 흔적이 남아 있는 마지막 장소가 학교잖아요. 아프지만, 오기 싫지만 그래도 정리해서 오는 단계에 참석한 부모님들도 있고 안 오신 부모님들도 많아요, 못 오고.

면담자   어머님께서는요?

재욱 엄마   저는 임원이고 당연히 또 활동을 하니까 이제 가야 되는 거죠, 갔었고. 그다음 날 옮길 때도 반별로 쫘악 이렇게 과정이 있었잖아요? 아예 영정을 안고 가는 분도 있었지만 저는 안 했어요. 그냥 영정을 맡기고, 다른 분들한테 영정을 맡기고 그냥 옆에서 같이 걸어서 왔던 기억이 있어요. 선택인 거죠, '내 아이니까 내가 안고 가야지', 이렇게 해서 안고 가는 부모님들도 계시고. 평생 안 오다가, 생전 안 오다가, 누구 말마따나 그날만큼은 또 이렇게 와서 아이를 안고 계시는 부모님도 계시고, 늘 오시는 부모님들은 또 자기 아이를 안고 가기도 하고, 저처럼 같이 옆에서 서포트해서 가는 부모들도 있었고 그랬는데, 제일 아팠던 거 같아요.

저는 활동을 하기 때문에 사실 그런 거에 대해서 감정 컨트롤을 하려고 하는데, 다른 상황들, 많은 투쟁이 있었지만 그때가 제일 가슴이 무거웠던 거 같아요. 왠지는 모르겠는데 '그게 무거웠다', '가족들이 학교에서 쫓겨나는 느낌이다'[라고 생각했던 것 같아요]. 그리고 어떻게 이런 일이…, 학교를 믿었는데, 정말로 학교만큼은 믿었는데…. 정말로 우리나라의 교육이 이 모양 이 꼴이 됐고…. 사후에 가장 원천적인 과정을 쫓아가다 보면은 학교의 수학여행이잖아요. 교육의 연장선이었잖아요. 그 상황들을 부모들이 너무너무 기가 막혀 하는 거죠. 그런데 그 상황에서도 이 아이들을 품지 못하고 학교가 애들 쫓아낸다는 느낌? 그런 것 때문에 굉장히 힘들어했었어요. 근데 저는 가능하면은 그런 거에 별로 연연해하지 않으려 했어요. 언젠가는 이 학교가 이렇게 정리가 돼야 되는 과정이라면 언젠가는 정리가 되겠지만, 그래도 이렇게 아프게 아이들을, 졸업도 안 한 마당이잖아요, 옮기는 건

아니라는 생각에 정말로 무거웠어요, 마음이. 또 한번 실망한 거죠,
사실은.

교육이라는 것, 소프트웨어, 교육이 그런 게 이루어지지 않는다면
하드웨어적인 그런 부분에서 보여주기라도 필요하잖아요. 정치잖아
요, 어찌보면 이것도. 학교, 이 아이들의 희생의 가치를 학교에서 정
말로 교육으로 생각을 한다면, 그리고 올바른 교육을 학교에서 하려
고 하는 이런 진정성이 있는 학교라면 이런 식으로 학교를 정리하면
안 된다는 게 있었는데 그게 굉장히 만족이 안 됐던 거죠. 그래서 그
런 것 때문에 굉장히 가슴이 많이 아팠고, 저는 그럼에도 불구하고 조
절을 하는 편이었는데, 엄청 무거웠어요. 그래서 피하고 싶었던 거겠
죠. 그래서 아예 영정도 안 들고 제가, 영정이 아니고 책상?

면담자   옮기실 때요?

재욱 엄마   예, 옮길 때 이 상자를 [제가] 안 들고 옮겼[어요]. 거부하
고 싶었던 거죠. 인정하고 싶지 않은 그런 마음 때문이었던 거 같아
요. 근데 지금 생각해 보면 겨울이 지나고 올해는 어쨌건 옮겼어야 하
는 상황이었던 거잖아요. 상황은 어쨌든 이렇게 됐어요. 사실은 학교
를 부모들이, 치맛바람 있어서 막 다니는 엄마들, 운영위원이 아니면
학교 갈 일이 별로 없잖아요. 아이 때문에 학교를 참 많이 뻔질나게
드나들었고, 고등학교 부모들이 고등학교를 또 드나드는 거는 참 힘
든 일이거든요. 일부로도 안 가고 그러는데, 아이들이 학교교육 현장
도 정확하게 볼 수 있었고, 우리 아이들에게 어떤 교육이 이뤄져야 된
다는 것도 자각하게 되는 계기가 됐고. 우리 아이들을 어떤 교육 환경
에서 교육하고 있고 어떤 교직자 밑에서 공부를 하고 있는지 단원고

를 보면서 생생하게 체험을 했던 거죠. 교장선생님의 마인드, 학교 선생님들의 마인드[가 어떤지 알게 되었어요].

이런 큰 대참사를 겪은, 직격탄을 맞은 이 단원고등학교가 정말로 저는 혁신학교로 바뀌길 원했거든요, 저희 가족들은. 정말 생생한 체험 교육의 현장으로 남기를 바랐는데, 일반 고등학교보다 못한 상황까지 교육이 이뤄지는 걸 보고…. 노란 리본도 못 달게 했다니깐요? 못 달게 한 게 아니고, 아파서 아이들이 기념을 하려고 하면 담임선생님들이 뭐라고 하냐면 "다른 사람들이 충분히 기념을 하기 때문에 너희들은 안 해도 된다" 이렇게 이야기하는 선생님이 있었다는 거죠. 전교조 선생님이 딱 한 분 계셨는데, 어쨌거나 단원고 선생님들은 아파서 그랬는지 피하고 싶어서 그랬는지 학교 정책이 그래서 그런 건지 이유야 어쨌든 간에 이것을 충분히 학생들에게 교류하고 교육하고 희생의 가치를 충분히 기려냈어야 하는 학교가 단원고였어야 했다고 생각하는데 전혀 그렇지 못했다는 거, 정말 전혀 그러지 못했어요. 정말 나쁜 학교처럼 되어 있었어요.

그리고 지금 학교 옮기고 나서 가족들은 학교 쪽을 진짜로 뭐, 이렇게 쳐다보지도 않는 그런 상황까지도 만든, 마음의 벽을 만들어버린 거죠. 우리 아이들이 다닌 학교를, 그런 식으로 매몰차게 돌아서게 만드는 그런 과정들이 기억교실의 과정이에요. 그래서 너무 아프죠. 지금도 아파요, 사실은. 민주시민교육관 만든다고? 만들면 뭐 하냐고요. 아이들 추모탑 만들면 뭐 하냐고요. 정말 중요한 거는 소프트웨어, 그 정신을, 가치를 이어나갈 수 있는 교육인데 그것을 학교에서 못 하고 있는 거죠, 전혀. 그 아이들이 무엇을 배우겠냐고요, 그 맑은 아이들이.

면담자   아이들 교실에 있는 남아 있던 걸 옮길 때 많이 힘들었다고 하셨는데, 그 힘들었던 이유가 아직도 어머니 마음에는 아이를 못 보내고 있는데 아이가 떠난다는 그런 느낌을 받으셨을 것 같아요.

재욱 엄마   빼앗긴다는 느낌이 더 강했죠, 빼앗긴다는 느낌. 우리만의, "결국에는 죽은 놈만 불쌍하다"라는 얘기가 있잖아요. "개똥밭에 굴러도 이승에서 굴러라"는 말이 있잖아요. 그러니까 내가 내 목소리를 낼 수 있고, 나의 가치를 하나하나 그 유품에서 찾을 수 있는데 그것조차도 내가 지켜내지 못했냐는 자괴감 같은 것, 이런 것도 있는 거죠, 부모 입장에서는. 그러니까 '우리 사회가 이것밖에 안 되나' 하는 원망이 절로 배겨나는 거죠. 그리고 어쨌거나 반대 입장에 있는 학부모들 보면 굉장히 원망스럽죠. '니 새끼라면, 너라면 나처럼 안 싸웠겠냐. 똑같을 것이다. 근데 왜 역지사지 생각을 못 하느냐', 그런 거에 대한 섭섭함 같은 것도 있는 거죠.

면담자   그분들이 그런 식의 생각을 하는 건 입시 중심의 교육이 갖는 문제와 연결되는 점도 있을 것 같습니다. 더 큰 가치를 보지 못하고 무조건 "학생들 공부에 방해가 되니 안 된다…".

재욱 엄마   자기네들도 피해자라 이거예요. "고3인데 제대로 된 학습공간에서 공부를 못 한다"[라는 식이에요]. 예를 들어 그 10개 반 교실을 못 쓰잖아요. 그러면 신입생을 받아서 학교를 해야 되는데 교실 공간이 없잖아. 그리고 "요리실, 과학실 이런 걸 다 써야 되는데 그걸 다 교실로 했기 때문에 그런 부대시설들의 혜택을 못 받는다", 그런 부모들의 입장….

근데 이제 "신입생을 받을 때 왜 10개 반을 다 받냐?" 그러면 교실이 있는 만큼 다섯 개 반만 받고, 이게 특구잖아요. 특구면 얼마든지 단원고등학교[를] 혁신학교처럼, 특구처럼 그렇게 만들 수 있는데 그렇게 안 한 거죠. 그냥 일반 고등학교처럼 행정을 해버린 거죠. 그게 그래서 교육 폭력이라고 하는 거예요. 충분히 할 수 있는데 안 했다는 거예요. 그게 뭐냐면 세월호 지우기의 일환으로 '단원고를 빨리 정리를 해야 한다', 그런 차원에서 바리케이드를 쳐서 저희를 쪼아왔던 거죠. 근데 그걸 우리가 뻔히 아는데 그걸 이야기하지 않고 숨기는 교육청을 예쁘게 봐줄 수 없죠. 거기에 또 이제 맞춰가지고 번개춤을 추는 재학생[학부모]들이나 그 운영위원들 보면서 어떻게 안 믿겠냐고, 협상 테이블이라고 나와서 엉뚱한 소리 하고 있고. 그리고 정보도 교육청에서 다 주지도 않고, 우리가 알고 있는 만큼 알지도 못하고, 우리 얘기가 학부형들한테 전달도 다 안 되고…. 그 몇몇이 차단한 거죠, 그 운영위원. 그래서 교실 빼기 전에 저희가 학적 때문에 또 난리를 피운 적이 있잖아요.

면담자   그것도 있었지요, 제적처리에 항의해 농성하신 거….

재욱 엄마   예, 제적처리. 하필 그날, 그 뭐야 지역 협의체를 통해서 학교 문제를 해결하고 있는 협의체 구성하는 그날, 제적처리가 발각이 된 거죠. 그러면서 '[협약식을] 무효화해야 된다'라고까지 유가족들이 생각하게 된 거죠].

면담자   어떻게 해서 발각이 됐습니까?

재욱 엄마   그러니까 협의체 구성한다고 사인하고 있는 사이에, 경기도교육청, 학부형 해가지고 4대 종파 해가지고 그 협의체 구성해가지고 하필 사인하고 기자회견 하는 그 시간에 부모가 학적부 뗄 일이 있어서 갔더니 제적처리가 된 거예요. 그걸 이야기를 안 한 거죠. 실수라고 이야기를 하는데 그거는 실수가 아니거든요. 아주 고의적인 거죠. 우리가 그날 발견하지 않았다면 그냥 넘어갔을 일이라는 거죠. 그래서 그날 바로 항의가 들어갔고.

면담자   예. 학적부 뗄 일이 별로 없을 거니까 모르고 지나갈 수도 있었겠지요.

재욱 엄마   그렇죠. 그게 아주 나쁜 거죠. 죄질이 나쁜 거예요, 한마디로.

면담자   미리 알려준 것도 아니고요.

재욱 엄마   말도 안 해주고. 그러니까 관계가 소원하다 보니, '가족들한테 이야기를 하면 파장이 있겠다' 싶으니 그걸 숨기는 거죠. 교육청이나, 교육청에서는 학교로, 학교에서는 교육청으로 이렇게 핑퐁을 하고 있는, 서로가 책임 떠넘기기를 하고 있고, 한쪽에서는 [협약서에] 사인을 하고 있고, 얼마나 이게 뒤가 구린 짓입니까. 어쨌든 그렇게 해서 학교에 분란이 있을 때 한번 터진 거죠.

면담자   무슨 사인하던 거였습니까?

재욱 엄마   4대 종파하고 경기도하고 그담에 안산시하고 우리 학교하고 해서 그게 무슨 사인이었냐면요, 협의체 해서 단원고를 어떤 식으로, 아휴 그게 무슨 협의체야, 어떻게 할 건지, 민주시민교육관을 어떻게 꾸려서 할 건지 교육에 관한 그런 협의체[4·16안전교육 시설 건립을 위한 협약식].

면담자　　　　교육에 관한 그런 협의체를 만들고 있었는데, 그날 제적된 걸 알게 됐네요.

재욱 엄마　　　네. 그런 것들을 저희가 울며 겨자 먹기로 정말 학교에서 아이들 책상 빼고…. 이제 시기라는 게 있잖아요, 언제까지 우리가 늘 주장을 할 순 없잖아요. 학교에는 "아이들, 신입생 받아야 되고, 학교 교육 공간이 없으니 아이들 교실을 빨리 빼주시오" 하는 그런 협의 사인을 저희가 백번 양보를 해서 협의체 사인이 있었어요. 그 내용은 나중에 보시면 알 거고, 그럴 즈음에.

면담자　　　　가족협의회에서는 계속 양보를 했는데….

재욱 엄마　　　예, 저희가 양보 아닌 양보를 계속한 거죠.

면담자　　　　그랬었는데 제적했다는 게 그날 밝혀진 거군요.

재욱 엄마　　　예, 밝혀진 거죠. 하여튼 까마귀 날면서 배 떨어지고 그런 상황 있었어요. 그래서 그런 학교를 빼는 부분에 있어서, 그러면 가족들이 "이거는 분명하게 교육청과 학교 측 입장을 들어야 된다"고 해서 저희가 농성을 하게 됐고, 그 농성을 하는 과정에서 몸싸움이 있어서 거기까지 된 거예요. 그 학부형 측 담당자, 그 사람들이 재학생들끼리 회의도 하고 교실을 언제 빼고 이런 게 소통이 제대로 안 됐어요, 제가 보니까는. 제대로 저희하고 재학생하고 저희 유가족들하고 협의체에서 협의한 내용도 제대로 재학생들 부모들한테 협의가 전달이 안 되고, 총회에서 오해가 있고, 교실에서 책상을 막 빼 오고 그런 상황들…. 그리고 생존자 부모인데도 오히려 나서가지고 책상을 빼는 그런 상황들이 생기고, 몸싸움이 생기고 그러면서 밀치고 해가지고 상해가 있고 그래서 고소, 고발까지 해놓은 상태…. 제가 당사자예요, 그 밀쳐진 당사자.

면담자 　　어머니께서 넘어지신 거예요?

재욱 엄마 　　예, 예, 그렇죠. 그런 상황들 막 촬영을 하고 있는데 그분이 그 자리에 나타나야 되는 사람이 아닌, 이미 운영위원도 아니고, 이미 운영위원도 그만뒀고, 그 사람은 학부형도 아닌데 그 사람이 그 자리에 있다가 저를 밀치는 상황이 되고, 그래서 상해가 생기고 두 분 엄마들이 입원도 하고…. 굉장히 이 감정이 안 좋은 상태에서 그런 상황들이 닥치면 상하잖아요.

면담자 　　논란의 중심이 된 건 무엇이었어요?

재욱 엄마 　　교실을 빼는 건, 그러니까 억지로 교실을 빼는 게 아니었는데, 우리는 이제 농성을 하고 있는 상황이었는데, 재학생 학부모들이 총회를 해서 "빼도 된다고 학교에서 허락을 했다" 그래서 자기네 반에 남아 있는 생존자 책상은 빼겠다 해서 생존자 부모가 나서서 빼기도 하고, 그런 상황들이 그게 막 발생을 했었어요. 근데 그때 몸싸움을 하고 못 가게 저지를 하고 막 복도에서 그러면서 [충돌하게 된 거죠].

면담자 　　어머니를 밀친 사람은 학부모가 아니라고요?

재욱 엄마   학부모 아니에요. (면담자 : 근데 왜?) 그러니까 운영위원회에 지역운영위원장이 있는데, 그분이었는데 그분이 2015년도에 끝난 분이에요, 임기가. 근데 이제 2016년에 그런 상황이 생겼잖아요. 근데 거기에 와야 될 사람이 아닌데 와서 주동을 한 거죠. 왜냐면 [20]15년에 그런 상황들 주동했던 사람이라서, 괜히 왔다가 그렇게, 제 생각에는 아주 나쁜, 정부 측 아니면 학교 측? 아니라고 이야기하지만, 사주를 받고 그런 걸 주도를 했던 사람인 거죠. 지금 상해니까 저희가 고발을 했거든요? 엄마 두 분, 아, 세 분이구나.

면담자   많이 다치지는 않으신 거죠?

재욱 엄마   [많이 다친건] 아닌데, 이렇게 밀쳤는데 이제 스트레스, 화 이런 거 때문에 한 2, 3일 정도 입원을 했던 거 같아요. 그래서 지금은 법적으로 지금 걸려 있는 [상황이죠].

면담자   소송 중입니까?

재욱 엄마   예, 소송 걸어놨죠. 그러니까 변호사가 그러잖아요. 검찰? 지금 여기 안산 검찰청 여기서 사실 이제 우리가 진술 조사를 하잖아요. "다른 걸 떠나서 본인들이 무엇을 잘못했는지를 모르는 것 같다. 그냥 법적으로 해달라", 그렇게 해서 그냥 그렇게 걸어놓고 있는 상태고, 용서할 수 없는 그런 단계인데…. 나이가 지긋하시거든요. 60대고 사업하는 사람이고 지역의 나름 유지라고 하는 분인데, 예를 들면 일베 같은 성향인 거죠, 강하진 않지만 보수. 그러니까 학교 전반에 대한, 예를 들면 학생 교육에 포커스를 두는 게 아니고, 교육자가 아니라 행정, 정치인인 거죠. 정치하려고 들어온 사람이라는 거예요. 그러니 저희를 이해를 못 하죠, 나름은 객관적이라고 하지만 본인 입장에 있어서는. 이 세월호 참사를 객관적으로 보기가 참 힘들거든요. 그러니까 지역에서도 밖에서 보는 입장하고 다르게끔 지역에서 지역 공동체를 만들어가야 되는데, 그냥 똑같이 취급해서 여지껏 살아왔던 그 성향대로 해결을 하려다 보니까 계속 부딪치는 거죠. 그런 상황이었던 거예요.

면담자　　그 제적 원상복구 농성은 5월 9일부터 15일까지 6일 정도 하셨고요?

재욱 엄마　　예, 그랬던 것 같아요.

면담자　　농성은 학교에서 하셨어요?

재욱 엄마　　예. 학교 앞에, 아이들 교실 들어가는 입구 앞에 거기서 했었고. 교육 과정에서 경기도 교육감이 와서 (면담자 : 다시 이제 돌린다고 약속을 하고) 예, 지금은 이제 그렇게 되어 있는 상황이에요. 아니 학교 빼준 것만 해도 그쪽에서는 속 시원하다 그러죠. 성공한 거죠, 어쨌거나 결과는, 그렇게 학교를 뺐으니깐.

5
세월호 유가족 해외 방문

면담자　　해외 지역 방문한 것도 어머니께서 하셨나요?

재욱 엄마　　예, 저 했고요. 그때가 15년 2월이었죠? 1월에 저희가 팽목까지 걷기를 하고 나서 2월인가 3월인가, 이제 미국에서 진상 규명을 위한 교민들 요청이 왔었어요. 처음에는 아버님, 유민이 아버님하고 집행위원장, 그때 아버님들 활동하고 할 때 유민이 아빠가 그때 막 이렇게 부각이 되고 했었는데…, 아버님 두 분, 어머님 두 분 이렇게 해서 나눠서 가기로 했었는데 못 갈 상황이었어요. 그래서 "어머니 둘이 가자" 해서 서부 쪽 한 명, 동부 쪽 한 명 해서 제가 서부, 15박 16일인가? 해서 갔다 왔어요. 에, LA 쪽, 캘리포니아 그쪽의 서부를 쫙 다 훑어서.

면담자   교민들이 많이 사는 데군요.

재욱 엄마   예. 그렇게 하고 이제 저기 뉴욕으로 건너가서 그들하고 같이 합류해서 돌아왔죠.

면담자   동부 쪽으로 가신 분하고 같이 만나서 돌아오신 거군요.

재욱 엄마   갔다 왔어요. 그때 교민들이 많이 아파하시고, 그것이 기폭제가 됐었어요. 교민들이 저희가 감으로 인해가지고 거기도 이제 단합이 되고, 거기도 이제 세월호, 세사모 이런 단체들이 합쳐지기도 하고 뭉쳐지기도 하고…. 처음에 딱 도착을 했는데 저희를 맞았던 건 어버이연합, 아니 저기, 저 그 어버이연합이라고 해도 되겠죠, 그 해병대전우회 분들(웃음) 어, 이렇게 군복 딱 입고 와가지고 LA 대사관 앞에서. 가족들이 이제 왔으니까, 촛불을 하고 있었거든요, 늘. 그래서 그 장소에 갔었는데, 오신 거예요, 할아버지들이. 그러면서 가족들이 왔으니까 뭐라고는 말은 못 하고, 아이들 영정 사진을 들고 갔었거든요. 그러면서 이제 거기서 촛불도 하고 발언도 하고 그러고 있었거

재욱 엄마 홍영미

든요. 근데 와서 뭐라고 말은 못 하겠는데 그래도 "이렇게 해외까지 와가지고 나라를 욕 먹일 필요는 없지 않냐"고 하고 가시고(웃음) 그랬고…. 주최하신 단체들이, 각 토론토니 각 시별로 저희가 가면서 했을 거 아니에요. 거기 이제 교민 단체, 그다음에 특히 교회 쪽에서 많이 이렇게 해주셨는데, 그렇게 많이 교민들이 모이는 것이, 모일 기회가 힘든데 굉장히 많은 사람들이 관심 가지고 와주셨고….

학교에서도 많이, 대학에서도…. 대학을 한 서너 군데 갔었거든요. 국립대학도 갔었고, 유명한 옥스포든가? 하여튼 모르겠다, 하여간 서부 쪽에 있는 유명한 대학을 (면담자 : 스탠포드) 아, 스탠포드, 스탠포드도 갔었고 (면담자 : 버클리) 예, 버클리도 갔었고, 한 서너 군데 갔었던 거 같아요, 대학엘. 거기서 이제 유학생들이 많잖아요, 그런 교민들이 힘을 많이 실어주셨고. 외국계에 있는 학생들, 과에 교수님이 이렇게 주도를 하셔가지고 그 과의 학생들, 그 뭐야 저기 강의 시간에 가서 저희가 또 이렇게 교류도 하고…. 각 나라에서 이런 문제들이 많이 있잖아요. 그런 교류를 통해서 하여튼 세월호 이런 것은 인간성 회복의 문제인 것 같아 결국에는. 그런 미팅? 간담회도 많이 했었고.

그다음에 교민 사회, 그쪽은 그게 많더라고요, 라디오, 방송, 작은 방송이 많더라고요. 그런 데서 인터뷰도 많이 하고, 생방도 하고…. 그다음에 비디오[케이블TV]? 그걸 뭐라 그러는지는 모르겠는데 TV 출연도 했었는데, 큰 TV 말고 다 이렇게 지역별 TV들이 많더라고요. 그래서 교민들이 하는 그런 것은 다 참여를 하고 저희는 넘어갔는데, 그때 봄도 되고 살짝 봄가을 느낌이었는데 동부로 넘어갔더니 완전 한겨울이더라고요. 그래서 그 동부 가신 분들은 눈 치우느라고 한 2, 3일,

그리고 그쪽은 비행기가 없어요. 저희는 다 비행기를 타고 옮겼는데, 동부 쪽은 다 차를 타고 기차로 움직이고 했나? 그러면서 그 움직이는 시간이 너무 힘들었다고 [하더라고요]. 그 워싱턴, 어디죠? 그 백악관 앞에도 가고 그랬던 거 같아요, 그분들은.

그런 활동을 통해서 굉장히 의미 있었고, 지금도 그러면서 해외 사이트가 저희가 생긴 거예요. 해외의 리더들, 그룹들이 텔방이 만들어져서 그런 교류들을 계속하고 있고, 지금도 넘어오면 해외에서 한 번씩 그때 간담회 하신 교민들이 꼭 분향소를 들르고, 광화문에 들르고 저희한테 인사하고 그러고 있죠. 너무 좋은, 개인적으로도 그렇고, 그때 초창기엔 너무 힘들었을 때였거든요. 1년 채 안 됐을 때잖아요. 마음도 너무 안 좋고 그러니깐 너무 저희가 감정적으로 힘들 때였는데, 그렇게 갔다 왔던 것이 저희는 지구를 이렇게 운집시키는 과정이었다고 생각을 하고요.

한참 그러고 나서 간담회 정말 열심히 다녔거든요. 와서 이제 부합해야 되잖아요. 저희가 9·11도 그때 참 같이 방문을 했었는데, 그때 추모, 그때 9·11이 10년, 11년 그럴 참이었거든요. 그때 이제 그러니까 거기가 어디죠? 9·11 현장, 그걸 뭐라 그러죠, 그라운드 제로를 갔다 오면서 무겁다는 느낌보다는….

면담자　　　동부 쪽으로 가서 그쪽 멤버들이랑 같이 그라운드 제로에 가신 거군요.

재욱 엄마　　　예, 예. 갔다 왔는데, 무겁다는 느낌보다는, 정말 안산도 안산이라는 도시의 이미지가 있잖아요. 굉장히 여기가 범죄 도시니 그런 안 좋은 이미지들을 벗어나서, 더군다나 그런 상황에서 세월

재욱 엄마 홍영미

호 사건이 터졌단 말이에요. 이 안산시의 그 이미지를 우리가 어떻게 만들 것이냐는 것은 그 전부터도 고민을 하고 있었지만, 희생이잖아요, 아이들의 희생이잖아요. 이 전무후무한 이렇게 큰 사건 이것을 계기로 우리가 교훈을 만들고, 안산시의 공동체를 회복해 내지 못한다면 그때는 완전히 밑바닥으로 안산이 가라앉은, 직격탄을 맞은, 완전 폭탄을 맞은, 그냥 6·25전쟁 치른 그런 도시였단 말이에요. 그래서 '이런 이미지를 어떻게 살려낼까' 그런 고민을 막 하고 있는 상황에서, 이제 2015년 활동들이 막 이뤄지면서 전국 간담회를 다니는 그런 과정이었기 때문에, 해외 간담회가 저희는 굉장히 뜻이 있었고…. 그라운드 제로 방문도 그것을 보면서 '안산을 어떻게 만들어가야 될까, 추모 공원도 만들어야 되는데', 그런 고민을 하면서 넘어왔었거든요, 사실은.

안산에 와보니까 바뀐 건 하나도 없는 거죠. 그러면서도 지금까지 만들어왔고, '안전의 도시라는 안산의 이미지를 어떻게 만들어갈까', 그런 고민들을 가족들에게 이야기를 하고, 그런 것을 교류하면서 지금까지 왔던 과정이고…. 지금은 재단 설립이나 추모 공원 설립이라든지, 이런 것 때문에 공청회를 하고 있는 단계거든요. 사실 그때까지만 해도 빨리 만들어질 줄 알았어요, 이 추모 공원이. 진짜로 빨리 해결이 되고, 국가 입장에서는 그때까지만 해도 이 세월호 사건을 미온적으로 그냥 바라보기만 하는 입장이었고, 이렇게 방해를 하고 있지 않는 상태였기 때문에.

면담자   예, 예, 그때 1년 채 안 됐을 때.

생명안전공원 설립 추진 과정

재욱 엄마   추모 공원 이런 것들은 국가에서 정말 제대로 해줄 줄 알았어요. 근데 그게 아니었던 거지, 바라보기만 했고. 너무 괘씸한 거예요. 국무조정실[세월호추모지원단]이 생겼잖아요, 저희 때문에. 추모 지원이라든지 진상 규명이라든지, 국무조정실이 생긴 거예요, 국조실이라는 데가. 근데 그들도 그냥 방관하고 바라보고, 가족들이 이렇게 요구하면 이렇게 해주고 그런 상황이었다는 거에 대해서 너무나, 처음엔 몰랐는데 점점점 알아가게 됐고, 지금은 괘씸한 거죠. 공무원 많이 닦달하지만 그들도 힘이 없는 거고, 위에서 이렇게 법적으로 행정적으로 명령되지 않으면 전혀 할 수 없는 상황들이…. 아무리 장차관이라 해도, 장관이 위에서 내려서 차관, 과장, 이렇게 내려온다 하더라도 권력이 없는 거예요, 계장급들은. 우리는 그 사람들하고만 소통을 하니, 아무리 이야기를 해도 소통이 제대로 안 올라가는 거지, 다 차단되고. 그런 답답한 상황들을 겪으면서, 그럼에도 불구하고 지금 이거 남아 있는 추모 공원, 재단 이거 제대로 해야 되겠다고 저희가 추진하고 있는 게 지금 3년간의 과정입니다.

면담자   추모 공원과 관련해서 좀 진전된 것 같은 건 없습니까, 최근에?

재욱 엄마   지금은 이제 공청회를 통해서…, 지금 추모 공원에 대한 아웃라인은 다 만들어졌어요, 안전공원[으로] 해서, 추모 공원이 아니고 안전공원에 대한. 그래서 "전 세계화 되어 있는 이미지의 공원을 안산에서 만들자"[라고 하고 있어요]. 전무후무하잖아요. "안전의 도시 안산, 그리고 생명의 도시 안산. 그런 도시 이미지를 분명하게 하자", 그래서 그런 이미지까지 그려내는 그런 안전 공원을 가족들이 사실은 설계를 했어요. 그래서 그걸 국조실에서 이야기를 하고, 용역을 주고, 토의하고 있는 과정[이에요], 안산시도 지금 지역 시민들과 논의하고 있는 상황이고. 사실은 장소가 제일 중요하잖아요. "안전 공원이 가장 적합한 곳이 어디냐", 그런 얘기들을 지금 하고 있고…. 아이들이 뛰어놀던 화랑 유원지, 접근성이 가장 용이하고 그다음에 생활 편의성, 그런 여러 가지를 고려해 봤을 때 지금 화랑유원지가 가장 적격인데, 납골이 들어오느냐 안 들어오느냐 하는 것 때문에 시민들은 민감해 있고…. 결국에는 이제 도시 경제와 연결이 되는 거잖아요. 집값, 그 주변의 집값….

근데 그것이 9·11을 보면, 전 세계 사람들이 9·11을 보러 오고, 지금도 거기를 보면 예약을 해야 그라운드 제로를 보러 갈 수 있는 상황이 돼 있단 말이죠. 그래서 저희는 그런 이미지보다는 아이들이 안전하게 뛰어놀 수 있는 공원, 그 다이애나 비 공원처럼 화랑유원지의 이미지도 살리고, 공원의 이미지를 해서 안전 공원, 가족들이 누구나 편안하게 뛰어놀 수 있는 공원, 그리고 각자 요소요소에서는 교육도 할 수 있고 청소년 문화 활동도 할 수 있는 그런 공간들, 주말에는 납골, 추모 공원이 아주 자연스럽게 그 자리 잡고 있는 상황에서 거기 와서 웃으면서 추모할 수 있는, 그리고 교육적으로 얼마든지 교훈화 할 수 있는 그런 과정에 있는 추모 공원, 안전 공원을 만드는 그런 그림을 저희는 그려놨어요.

그래서 제안이 되어 있는데, 그거를 지역민들의 동의를 얻어내는 것이 만만치 않죠. 왜냐하면 정서라는 게 있잖아요, 대한민국의 정서. 아무리 세계적인 추세를 이야기를 해도 지역 정서라는 게 있고, 또 그놈의 집값, 땅값 때문에 그런 거죠. 그런 것들은 서로가 일장일단, 오히려 집값이나 땅값이나 안산 사회경제가 활성화될 수도 있는 이런 부분들이 있는데, 그것을 우리는 부각을 시키고 싶은 거죠.

아마 올해 상반기에는 부지가 설정이 될 거예요. 생각하고 있는 부지는 있으나, 몇 군데 중에서 가장 주효한 부지를 선택은 하는데 거기에 납골이 반드시 들어가야 되는 거죠. 납골이 없는 안전 공원은 의미가 없거든요. 그것을 설득하고 이해시키고 이런 게 안산시의, 안산시민들의 역할인데 그것을 가족들이 또 하고 있어요. 그러니까 너무 힘들죠. 진상 규명, 학교 문제, 추모 이것까지 저희가 다 해야 되는 상황이에요.

면담자   지금 아이들 납골 장소는 흩어져 있는 거죠?

재욱 엄마   예, 세 군데로 아이들이 나눠져 있는 거죠. "얼른 모으자, 얼른 모으자", 처음부터 그렇게 얘기는 했는데 모으는 게 쉽지가 않죠. 친구들은 그렇게 얘기해요. "친구가 보고 싶을 때 가까이 있으면 쉽게 말해서 보고 그러면 되는데 너무 멀리 있다. 가고 싶어도 못 간다".

면담자   생존자들이요?

재욱 엄마   생존 아이들도 그러고 후배들도 그러고. 우리 아이들 아는 선후배들이 있을 거 아니에요. 그런 아이들의 목소리에도 귀를

재욱 엄마 홍영미

기울여야 되는데, 지역민들은 그냥 모르잖아요. 그냥 지역민이잖아요. 그러니까 지역이기주의적으로 활동을 하는 거지. 저는 그렇게 생각해요. 모르겠어요, 제가 입장 바꿔놓고 내가 그랬다면 반대는 하지 않겠지만 그래 물 흘러가는 대로 지켜는 볼 거 같은데 어떻게 그렇게 쌍심지를 들고 하시는 건지…. 그건 의식, 사회 수준이라고 생각하거든요. 시민의식 같은 거죠. '안산 시민 의식이 좀 더 고취가 되면 좋겠다' [하는] 간절한 바람이 있죠. 이 안전 공원이 선택되는 과정, 진행되는 과정을 보면 우리가 어느 수준으로 수준이 와 있다는 걸 알게 되겠죠.

7
4·16 이후 활동 동기, 힘들었던 점, 인생 계획

면담자　　그동안 지속적으로 활동에 참여할 수 있었던 동기는 무엇이라고 생각하세요?

재욱 엄마　　진상 규명 안 된 것 때문에 그런 거죠. 이게 제대로 진상 규명이 되고 했으면 그냥 바라보는 입장이었을 거예요. 주체가 안 됐겠죠. 근데 너무 안 되고, 잡초처럼 꾸준하게, 잡초처럼 꿋꿋하게 저희가 계속 고개를 쳐들 수밖에 없게 한 것은 정부에서 저희에게 계속 국가 폭력을 그냥 쏟아부은 결과라고 보면 되죠. 평범한 가정주부를, 평범한 한 국민을 완전히 투사로 만든, 그런 국가 폭력이라고 저는 생각을 해요.

면담자　　　그동안에 돌아보시면서 가장 힘들게 느껴졌던 것은 어떤 것인가요?

재욱 엄마　　　음, 저를 가장 힘들게 했던 거⋯, 게으름이요. 이거 해야 되는데 하기 싫다는 느낌, 무기력에 빠질 때가 제일 힘들었어요. 그래서 차고 나올 수 있는 힘은 결국은 내 선택인 거죠, 아이를 생각해서. 이것도 핑계예요, 사실은. 내가 너무 억울하고, 내가 이걸 해야겠다는 생각 때문에 사실 이런 활동들을 하는 거라는 거죠. 지금 돌아보면 그래요. 처음에는 아이의 억울함 때문에? '그래, 네 대신 내가 싸워주리라. 너의 나머지 삶을 이 엄마가 이어서 살아주리라' 했는데, 결국 돌아보니까 제가 원해서 그걸 하고 있더라고요. 내가 참을 수 없고 내 양심이 허락을 못 하는 것 때문에 이렇게 움직이고 있는 거죠.

나를 가장 힘들게 했던 건, 그럴 때마다, 무너질 때마다 내가 안 했을 때, 도망갔을 때 내 모습을 뒤돌아보면 그게 제일 힘든 거죠. 제가 지금 아직까지도 못 하고 있는 게 뭐냐면 이 긴 싸움을 통해서 내가 체력 관리를 해야 되잖아요. 체력 관리를 해야 되는데, 예를 들면 내가 오늘 1시간 걸어야 돼, 1시간 걸어야 되는데 근데 그걸 처음에는 걷다가 포기하다, 걷다가 포기하다 했는데 지금은 포기를 해버리는 경우⋯. '아니, 이거 하면 뭐 해. 이래저래 똑같을 텐데' 하고 포기를 하는 나의 그 무기력함을 용서를 못 하는 거예요. 근데 그게 이제 계속 반복되는 거, 그게 나를 힘들게 만들고⋯.

또 못 하고 있는 게 뭐냐면, 기록으로 남기는 거 있죠. 나의 일대기, 감정을 기록으로 막 남기고 싶은데, 이게 게을러서 그런 건지, 하기 싫어서 그런 건지, 제가 처음 분명 참사 사고 났을 때부터, 첫날부

터 '지금 이 상황들을 기록으로 남겨놔야 될 것 같다'라는 막연한 생각
이 있었어요. 제가 기록하는 걸 좋아했어요. 그리고 일기 같은 거 잘
쓰고 했기 때문에, 그것을 어느 날 손을 놨는데 이걸 다시 해야 된다
는 거, 그리고 이거를 이 순간의 기록을 놓치고 나면 기억이라는 게
한계가 있기 때문에 후회를 할 거라고 생각을 했는데, '나중엔 후회를
하겠지? 그래도 지금은 못 해. 하기 싫어, 안 해' 하는 그런 것들, 나의
내면과의 싸움이 있었어요.

그걸 제가 안 했거든요. 지금 와서도 후회를 해요. 근데 지금도 안
하고 있죠. 왜냐면 기록에 남겨놓으면 이게 남아 있을 것 같아서, 그
순간들을 없애고 싶은 그런 마음들이 있는 거 같아요. 이게 게으름인
가? 아니면 무기력인가? 아직도 뭐인지는 모르겠지만, 지금 3년 동안
쭉 보면서 '나중에는 제가 글을 쓰고 있지 않을까' 하는 생각이 들어
요. 그래서 지금이라도 메모식으로라도 해놓으라고 옆에서 작가님들
이 얘길 하는데, 그것도 이제 하고 싶을 때 그럴 때 하는데, 한 번씩
왜 감정으로라도 이렇게 막 적어놓고 싶을 때가 있잖아요. 그럴 때 제
가 적을 때가 있고, 포기할 때가 있어요. 안 해. 그런데 그것도 이제
선택인데, 그 선택을 하고서 적으면 덜 후회가 돼요. 마음의 위안은
되는데, 안 했을 때는 '어, 내가 그때 무슨 생각을 했지? 적어놓지…'
하고 후회가 돼요. 근데 그것도 집착이라는 걸 알게 되더라고요. '굳
이 안 했으면 할 필요 없다' [하고] 그런 것 때문에 받았던 스트레스는
좀 내려놓은 편이에요.

그리고 지금도 가족협의회 일을 하고 있으니까 그쪽에 더 올인을
해야 되는데, 다른 개인적인 일을 우선을 했을 때는 또 후회를 하고

그런 건 있죠.

면담자   어머니한테 가장 위안이 되었던 점은 무엇일까요?

재욱 엄마   가장 위안이 되었던 거요? 별로 없었는데요. 내가 스스로 활동했을 때, 나 스스로에 대한 위안은 있었어요, 후회하지 않는. 지금 해야 되는데 못 했을 땐 반드시 위안이[후회가] 되고요, 내가 그것을 했을 때는 위안이 돼요. 그리고 많은 부모님들이 불특정 다수의 국민들을 만나잖아요. 정말로 생전 모르는 사람을 투쟁의 상황에서 만나고, 나는 몰라도 이 사람이 재욱이 엄마라는 걸 사람들이 알아요, 워낙 세월호 활동했던 사람들은. 그래서 그들이 한 번씩 인사를 할 땐 되게 민망하거든요, 사실은. '내가 정말 한 것도 없고 아무것도 없는데 이렇게 사람들에게 회자되고 있었나'라는 거에 대해서 민망할 때가 많은데….

내가 모르고 있었던 부분, 놓치고 있었던 부분을 그런 분들이 같이 함께해 주고, 이렇게 마음을 써줬을 때 굉장히 위안이 됐었어요. 이웃사촌이라는 말이 있죠. 나보다 더 유가족 같은 분들이 있어요. 이 세월호 사건을 너무나 아파하고, 내 일처럼 이렇게.

면담자   시민들이요?

재욱 엄마   예, 시민 단체 사람들인 거죠. 그들이 개인이 됐든 단체가 됐든, 간담회를 가면 진정성 있는 분들을 만나요. 꾸준하게 세월호 활동을 하고 계시는 분들을 보면 정말 죄송하거든요. 왜? 나는 만약에 저들과 같은 입장이 되었을 때 저렇게 할 수 있을까? 그런 분들을 만날 때는 너무 감사하고 그러죠. 말로 표현할 수 없는 죄송한 부분도 있고.

나는 당사자니까 당연히 해야 되는 건데, 당사자인 내가 당연히 못 하고 있는 부분을 저분들이 하고 계시고, 입장 바꿔서 '내가 만약에 저 입장이라면 내가 저걸 할 수 있을까' 그랬을 때 굉장히 존경스럽죠. 그런 요소에서 굉장히 미안하거든. 그래서 뭐라도 막 이렇게 만들죠. 뭐라도 만들어서 다음에 만나면 이렇게 나눠드리고, 감사의 표현을 그렇게 하는 거예요.

면담자 　　공방 같은 거요?

재욱 엄마 　　예, 공방 제품 같은 거.

면담자 　　예, 어머니 활동하시고 세월호 참사를 경험하시면서 세상을 바라보는 시선이라든지 삶에 대한 생각, 그런 것도 바뀌었을 것 같습니다.

재욱 엄마 　　많이 바뀌었죠. 주인 의식에 대한 건 살면서도 공부를 늘 하잖아요. 내가 그냥 열심히 살았잖아요. "내가 주인으로 살고 있다", 굳이 말은 안 해도 그냥 내 삶이었는데, 보고 싶은 부분이 있고 보기 싫은 부분이 있잖아요. 내가 하고 싶은 것만 하고 살았다는 거죠. 근데 세월호 사건을 통해서 보지 않아야 되는 부분까지 내가 본 거예요. 보고 싶지 않은 부분도 본 거죠. 이걸 해야 되는 거야, 하기 싫은 데 해야 되는 거야.

그래서 그걸 안 하려고 도망가고 도망가고 하다가, 결국 내가 아니면 할 사람이 없다는 걸 깨달은 거지. 그걸 딱 1년 만에 깨닫겠더라고요 1년 정도 만에, 열심히 살았는 줄 알았더니 돌아봤더니 나만을 위해서 살았고. 내가 하기 싫었던 부분들은 남들도 하기 싫은 부분이라는 거죠. 근데 이것은 내가 해야 되는 부분이지 남들이 해주는 부분이 아니라는 거예요. 그래서 '그러면 너밖에 할 사람이 없네', 그래서 미약하지만 내가 하는 거예요. 뚜벅뚜벅 해야 된다는 거. 그래서 '이거 해야 돼? 말아야 돼?' 나중엔 선택을 안 해요. 이렇게 일을 해야 되는 상황이 생겨, 투쟁을 해야 되는 상황이 생겨, 토요일인데 집에서 가족들을 위해서 뭘 해야 되는데 투쟁을 가야 되는 상황, 그럼 투쟁을 선택한다는 거죠. 이상하게 그렇게 되더라고요. 가정을 선택하는 사람이 있지만, 저는 투쟁을 선택해서 그렇게, 가족 활동에 같이 참여하는 [거죠].

그러니까 선택의 주체가, 내가 주인으로서 그냥 움직이게 되는 그런 과정들이 굉장히 많은 변화가 이루어졌고…. 사실은 희망, 재미 이런 건 없어요. 왜냐면 그 전에는 모르고 그냥 희망이니 아이들 상대로, 세상을 몰랐으니까. 이 세상이 전부라 생각하고 이 안에서 최선을 다해서 즐겁고 재밌게 살았는데, 이 세상 밖, 이 우물 밖에 세상이, 엄청난 큰 세상이 있는 것을 알게 됐고, '그 세상이 그렇게 내가 살았던 세상하고 밝고 이렇게 좋은 세상만은 아니다'라는 것을 알잖아요. 그러면 무엇을 선택해서 움직여야 된다는 것도 알게 되고, 하고 싶은 것도 있고 하기 싫은 것도 있잖아요. 그럼 하기 싫은 것도 해야 되는 그런 입장이라는 것을 명확하게 알게 되고, 그래서 별로 재미는 없지만, 그래서 뚜벅뚜벅 한다고 말씀을 드리는 거예요. 그게 변화죠.

면담자　　　지난번 2차 구술 때 말씀하셨던 것 중에, "정부에서 유일하게 잘한 게, 유가족들의 이야기를 안 들어주고 싸우게 만들었다.

그래서 유가족들이 바빴고, 그러다 보니 무기력에 빠질 틈이 없었다. 그런데 앞으로 싸울 일이 줄어든다든지 그러면 위험할 수도 있다. 5년 뒤에 자살 위험 같은 것이 올 수 있는 사람이 있을 수 있다"고 하셨거든요.

재욱 엄마　이게 심리, 참사를 겪은 유가족의 심리 상태인 건데요. 통계학적으로 좀 나와 있는 게 있어요. 우리나라는 그런 통계를 안 하지만, 외국 사례들, 그리고 이제 심리학회, 정신과학회에서 유가족의 변화 상태를 보면, 저희는 굉장히 독특한 케이스예요, 그쵸? 근데 1년 만에, 가족들이 그 상황을 처음에는 '내가 왜 이렇게'[라며] 거부하고 부정하다가 인정하고, 그다음에 이제 적응해 나가는 단계가 보통 1년이면 끝나요. 그래서, 그러니까 이제 가족의 상실에 대해서 받아들이고 그러면서 일상생활로 돌아간다는 거죠.

　저희는 그럴 겨를이 없었어요. 왜냐면 애도 자체도 못 했고, 싸움 자체가 애도였으니깐요. 그 싸움을 계속하다 보니깐 이렇게 막 쌓이는 거죠. 근데 이제 통계학적으로 일본이나 참사가 많은 저런 프랑스니 저런 외국 쪽의 사례를 보면 3년, 5년, 특히 일본 같은 경우에는 3년, 5년, 10년 주기로 이런 그 멀쩡하던 사람, 가족이 유가족이 됨으로 인해서 멀쩡하던 사람이 변화를 겪어요. 그래서 3년이 제일 힘들다[고 해요]. 사람들이 무기력에 빠지고 자살률도 높아지는데, 5년 되면 그게 실제적으로 드러난다. 왜냐면 그게 신체적으로 드러나는 거예요. 정신적인 스트레스가 신체로 드러나는 게, 지금 저희가 가족이 3년째 잖아요. 처음부터 너무 무기력해 가지고 쓰러져서 그냥 녹다운[knock down] 되신 분들, 못 나온 분들이 계신 반면, 막 싸우다가 지금 이제 조금 여유가 있으니까는 몸으로 막 드러나요. 그게 이제 3년 차 활동하는, 열심히 활동하는 부모님들한테 나타나는 신체적인 증상[이에요].

면담자   지금 촛불집회 이후로, 말씀하신 대로 조금 이제 관망하신다고 하셨는데, 조금 덜 활동하시다 보니까 몸으로 더 드러나는군요.

재욱 엄마   예, 관망하는 상황에서 이제 몸으로…. 이게 이제 못 느꼈던 것이 몸으로 느껴지는 거죠. 그리고 중간에 계신 분들이 있어요. 활동도 하다가, 좀 쉬었다가 그런 분들은 그냥 이렇게 스테이블[stable] 하게[안정적으로] 가는 거 같아요. 무기력한 상태에서 계속 이렇게 가고 있고, 열심히 싸우셨던 분들은 3년째에 확 나타나죠.

저 같은 경우는 1년째엔 굉장히 건강했어요. 왜냐면 이게 놀란 상태에서 그대로 유지를, 이게 몸이, 세포가 유지가 되다가, 한 1년쯤 지나니까는 겨울을 지날 때, 아이들이 봄에 사건이 나고 겨울을 지나면서 약간 소강상태가 돼요, 활동들이. 그러면서 한풀 확 꺾이고 몸이 다운이 된 상태에서 쭉 활동을 하다가 또 한풀 탁 꺾이고, 2년째. 또 그 상태에서 쭉 오다가 어쨌거나 계속 싸움을 유지를 하다가 지금 관망하는 상태라고 말씀을 하셨나요?

면담자   어머니께서 그렇게 말씀하셨죠.

재욱 엄마   여지껏은 정말 해결될 기미가 안 보이는, 계속 막히니까 '이 막힌 것을 뚫어야 돼!'라고 큰 총을 들고 칼을 들고 막 이러고 있다가 구멍을 딱 내서 '좀 뚫린 것 같네' 해서, 총을 들고 총을 빼고 이런 관망하는 상태에서 느껴지는 그런 신체적으로 드러나는 무기력함 같은 게 있어요, 그래서 지금은 가족들이 거의 다···. 제가 잠을 못 자거나 그러지는 않았거든요? 근데 그게 막 쌓였던 거 같애. 눈을 감으면 자고 눈을 뜨면 깨는 거예요. 그래서 밤에 12시에 자면 잠이 오고요, 5시까지 안 자고 있으면 잠이 안 와요. 그리고 5시에 눈을 감으면 잠이 와. 그래서 저녁에 잠을 못 자는 부모님들 지금 굉장히 많고.

면담자　　　그러니까 지금, 활동을 좀 덜 하시면서 그런 현상들이 나타나는 거죠?

재욱 엄마　　　[활동을] 덜 하면서···. 그러니까 시간이, 활동을 하면 힘들어서 자버리거든요, 그 시간에. 근데 그 시간이 남으니까, 내일 할 일이 없으니까 그냥 안 자면 5시까지 놀다가, 예를 들어 텔레비전을 보고 소일거리를 하다가 아침에 10시까지 자는 거예요, 그리고 이제 낮 시간은 오후 시간으로 이렇게 운영이 되는 거고. 하여튼 그런 상황들이 이제 계속 반복이 됐었거든요. 그러니 그런 불면증, 제일 중요한 거 불면증, 그리고 무기력, 그다음에 그러다 보니 혈압, 당뇨 이런 거 체크를 해오면 그전보다 더하게, 면역력이 굉장히 많이 떨어져 있고요. 그다음에 또 이빨, 이비인후과 쪽으로 제일 먼저 오거든요? 두통, 그다음에 이거 치아, 눈 잘 안 보이고 이명 있고 막 이런 것들이, 또 요 목, 이비인후과 쪽, 감기 같은 거가 면역력 결핍에서 많이 오거든요.

　　　또 지금 코호트 연구를, 코호트 연구가 뭐냐면 심리 연구예요, 변화 상태. 2년을 했는데 저는 작년에 처음 했어요. 근데 그 상태를 분석을 해보면 거의 비슷하게 나오는데, 분노 지수가 굉장히 높게 나와요, 쌓여 있는 분노지수가. 신체적으로 드러나는 거보다 심리적으로는 분노 지수가 굉장히 위험 수위에 있는 사람들이 많은 거예요. 그러니까 많이 쌓여 있다는 거예요, 가족들이 풀어내지를 못했으니까. 그런 상황들이 지금 3년째 일어나고 있는 그런 [상황이죠]. 참사 이후에 발병한 유병률, 발병률이 많은 게 뭐냐면, 혈압, 당뇨, 그다음에 이제 잠 못 자는 거. 그것도 있지만 신생 암이 발견되신 분들도 있거든요, 급성 암. 그리고 이미 돌아가신 분들도 한 서너 명 정도 되고. 왜냐면 재발, 치료하고 있다가 암이 재발되신 분들이 있어서, 그런 분들은 지금 급하게 이렇게 뭐야, 진행이 급하게 되고, 그런 상태들이 지금 3년째 드러나고 있는데…. 그 대구 지하철? 10년 만에 전수조사를 해봤더니 거의 다 암으로, 암 발병률이, 유병률이 굉장히 높았고, 돌아가신 분들이….

면담자　유가족들이요?

재욱 엄마　예, 유가족들이. 아니 이제 생존자들, 물론 거기 유가족도 있고 생존자들도 있잖아요. 그런 사람들이 유병률이 굉장히 높고, 암 발병률이 높고, 실제적으로 돌아가신 분들도 많이 있다고 하는데. 그래서 저희는, 그래서 이제 계속 체크를 하는 거예요. 지금 3년 차고, 5년 체크를 하고. 이런 상황도 사실은 나쁜 정보거든요, '당신 암 걸릴 수 있어'라는 것은. '어, 내가 암 걸릴 수 있다는 말이야?' 이렇게 정보가 들어오는 순간 암의 그 뭐야, 저기 세포가 작용할 수 있는 어떤 나쁜 정보거든요. 근데 알고 있어야 된다고 얘기는 하는데, 데이터상으로는 그렇게 나와 있어요.

　제가 그래서 5년? 그리고 이제 10년, 이걸 바라보면서 지금 제일 가족들에게 필요한 건 뭐냐면 정신적인 스트레스로 인해서 신체적으로 증상이 드러나는 거거든요? 근데 그 드러나는 증상에 대한 지원이 전혀 없어요. 1년 동안 의료법에, 특별법, 저희가 그 지원법에서 1년 동안 너무 이제 그 힘들고 하니까 의료법[으로] 해서 지원이 됐었어요, 병원 지원. 병원에 가서 뭐, 아파서 입원을 하면 됐는데, 지금은 그게 3월, 2016년 3월 28일로 탁 끊어졌어요.

면담자　　작년 3월로?

재욱 엄마　　예, 작년 3월로. 그 뒤로는 가족들이 병원을 못 가는 거죠. 겁이 나서도 그렇고, 병원비가 너무 많이 나오니까….

면담자　　본인이 지불해야 되는 거예요?

재욱 엄마　　예, 그렇죠. 의료보험으로 해야 되는 거고. 올해 종합 검진을 했어요. 굉장히 안 좋은 케이스들이 많이 나오는데, 진료를 보고 이제 본인 부담으로 가야 되는, 물론 보험이 들어져 있는 분들은 그렇지만 3년 동안 가족분들이 싸워, 직장생활을 못 하시고 그걸 다 내려놨단 말이에요, 거의 다. 한 3분의 1, 반 정도는 지금 직장을 돌아갔지만 거의 반 이상이 쉬고 있는 상황도 있거든요. 집에서 같이 쉬는 분들도 있고 아니면 이제 한 분은 직장 나가고 한 분은 이렇게 싸우고 계시는 분도 있는데, 그런 분들이 치료를 받고 싶으나, 의료비 지원이 전혀 안 되고 있는 상황[이에요].

어느, 대한민국 어느 법에도 이렇게 지원한 적은 없다고 이야기를 해요. 그런데 그게 잘못된 거죠, 사실은. 지금부터 사실은 치료가 들어가야 되는데, 치료가 필요한 시기에 지원이 끊겨버린 거죠. 그래서 치료를 못 받고. 어떤 어머니는 2년 동안 너무 열심히 싸우고 몸이 다 망가졌어요. 그래서 이제 검사만 하고 치료를 못 받아서 요양 가 있는 상태, 이런 경우들이 종종 있고요. 암 발생하신 분, 새로, 급성기 암으로 발전하신 분, 그러고 있어요.

몸이, 물론 나이도 나이지만 굉장히 힘들었잖아요. 3년 동안에 심리적인 트라우마가 엄청났잖아요. 이게 신체적으로 당연히 드러나요. 이게 드러나고 있는 상황이고, 안 좋은데 이게 막 짜증 나고 신경질이 나니까 활동도 저조해지고, 그러니깐 촛불집회 나가고 싶어도 못 가는 거예요. 허리가 아프고 무릎이 아프니까 계속 못 앉아 있는 거예요, 거기서. 그러니까 심리, 신체적인 트라우마가 심리적으로 또 나오는 거죠. 투쟁하고 싶으나 안 되는, 그런 짜증 나는 상황들이 되어 있어서….

가족협의회 활동들은 진짜 뭐, 예를 들어 지금까지 그냥 열심히 투쟁했던 임원진들하고 가족들은 그냥 조금 활동 양상이 달라요. 임원진들은 아직까지 그냥 정신력으로 버티고 있는 그런 상황들인데, 그런 사람들이 한번 내려놓고 무너지기 시작하면 그들은 병원 입원이 아니고 요양소로 가야 되는 그런 상황들이[에요]. 아빠들도 지금 다 그런 상황들이거든요. 엄마들은 [겉으론] 표[시]라도 하고, 이렇게 이런 프로그램을 통해서 활동이라도 하는데….

면담자　　　표를 한다는 건 어떤 의미인가요?

재욱 엄마　　아니, 표라도 내고, 표시라도 내고. 엄마들끼리 수다도 떨고 이렇게 이야기하면서 풀어내기라도 하는데, 그러면서도 늘 그런 게 남아 있죠. 슬픔 에너지가 늘 쫙 깔려 있는 거예요. 그 공통분모로 쫙 깔려 있는…. 우리끼리 소통은 되죠, 늘 대화는 있으니까. 그럼에도 불구하고 엄마들은 풀어낸단 말이에요. 그런데 아빠들은 화로 풀어내기 때문에 막 쌓이는 거야. 어제 어떤 아빠가 이야기하시더라고, "엄마들은 모여서 울기라도 하지, 아빠들은 쳐다보고 울지도 못한다. 그래 갖고 구석에 들어가서 지금도 울고 그런다"라고 이야기를 하시더라고. 아빠들의 그 쌓여 있는 화는 말로 표현할 수가 없을 거예요. 그래서 많이 표는 안 나더라도 이렇게 많이들 정상적이지 않게 무너지고 있는 거예요. 보여요.

면담자   아버님들이 어머님들보다 모여서 같이 활동하고 그런 게 훨씬 적은 편이에요?

재욱 엄마   예, 그렇죠. 아버지들끼리 처음에 축구 동호회 만들어서 하신다고 하더니 그것도 시원치 않고…. 그리고 이제 직장을, 아빠들은 책임을 져야 되잖아요. 그래서 한 번, 두 번 빠지고 하다 보니까 지금은 안 가도 되시는 분들, 직장 안 나가도 되시는 분들은 그냥 계속 이렇게 남아서 싸우고 계시고, 가정을 책임지셔야 되는 분들은 이제 엄마가 대신 나오고 아빠들이 움직이고, 그렇게 조절하고 있죠.

    그리고 저희가 국가 배상을 안 받았잖아요. 소송하신 분들이 거의 다 나와서 활동을 해요. 저희가 국가 대상으로 손해배상 청구 소송을 해놨잖아요. 소송 가정이 121가정인가 그래요. 하여튼 그래요. 그 가정, 소송 가정들이 나와서 국가 배·보상 안 받고 지금 이렇게 싸우고 있다고 보시면 돼요.

면담자   그 나머지 분들은요?

재욱 엄마   주로 이렇게 집에서, 그냥 잘 안 나오시죠. 이미 배·보상받았으니까 이제 마지막 남은 추모, 안전 공원 조성하는 거, 우리 아이들 오는 그런 쪽, 저희가 이제 정보를 드리면 나오시고, 직장 다니면서 이제 일반 생활 하시는 분들이 그 나머지 분들.

그러니까 가족협의회가 있어요. 가족협의회가 저희 이제 단원고 250명의 아이들하고 일반인들이 있는데, 그중 인천에 가신 분들은 거의 안 들어와 있고, 여기 "나는 이 가족협의회에 들래" 해가지고 들어와 있는 분들, 생존자들 중에서도 협의회 안 들어와 [있는 분도] 있고, 협의회 들어와 있는 [분도 있고요]. 그런 또 이제 저희 가족도 가족협의회 250명이지만 다 안 들어와 있어요. 몇 분 이렇게 뜻이 다른 분들은 그냥 아무것도 안 하고 손 놓고 있는 분들, 연락 안 되시는 분들도 있어요. 그 온마음센터에서 전체 가족들을 관리를 하는데 한 7, 80프로만 이렇게 관리가 되고 나머지는 연락이 안 되시는 분들은 어쩔 수 없는 거죠, 본인들이 거부를 하니까. 그리고 해외 나가 계신 분들이 몇 분 되고. 전국에 막 흩어져 있고 그러니까, 일단은 관리되는 인원들, 그다음에 가족협의회에 등록되신 분들하고 저희가 같이 움직이고 하고 있는 거예요. 150가정 조금 더 될까? 그럴 거예요.

면담자 주로 많이 함께하시는 분들이 몇 가족쯤 될까요?

재욱 엄마 예, 같이 움직이고 이제 같이하시는 분들, "모여!" 이랬을 때 그냥 모이는 사람들이 한 50명? 50가족 정도.

면담자 예. 그다음에 재욱이 누나가 있다고 하셨잖아요?

재욱 엄마 예, 1살 위에 있는.

면담자 재욱이 누나는 지금 학교에 다니나요?

재욱 엄마　　　대학교 2학년. 휴학 내고 이제 필리핀 연수 간다고, 어학연수 간다고 [준비하고 있어요]. 갔다가, 한 1년 연수 갔다가 들어올 거예요, 캐나다까지 갔다가. 잘 견뎠어요.

면담자　　　아, 잘 견뎠습니까. 어머니하고 누나하고 이렇게 관계도 그 이후에 또 활동하시다 보니까 조금 변화했을 것 같습니다.

재욱 엄마　　　아니 많이 그렇진 않아요. 이제 딸이지만 걔가 맏이잖아요. 그리고 저희 가정이 이제, 굉장히 건전하다고 표현을 할게요. 건전한 가정이에요, 그래서 이제 오누이 같아 사이도 굉장히 좋았고. 왜, 말은 안 하지만 걔도 부모 걱정을 많이 했겠죠, 엄마, 아빠 힘들 거니까는. 아이들한테 처음 참사 당시 고3이었으니까는, 그 학교 고3이었어요.

면담자　　　수학여행도 다녀왔죠?

재욱 엄마　　　예, 그 전에 오하마나호 타고 갔다 왔죠. 그래서 그 부모를 걱정하는 마음? 그런 것들이 있어서 자기 의사 표현을 잘 안 해요. 근데 이제 딸이니까, 굉장히 예쁘고. 그래서 그런 것을 잘, 부모가 보는 입장에서는 객관적으로는 잘 견딘다고 생각은 하지만 그 내면은 알 수 없는 거죠. 동생의 상실감에 대한 그런 거는 이루 말할 것도 없고 250명 후배들을 다 잃은 거잖아요. 걔가 학생회 활동도 했고 동아리 활동도 했고, 그니까 고3 때 그것도 4월 달에 당한 거잖아요. 다, 처음에 한 두 달은 방황을 하더라고요. '이런 학교, 이런 나라에 살면 뭐 하겠냐', 이런 거. 근데 이제 두 달쯤 지나고 나니까 '내가 우리 후배들, 재욱이가 못 한 삶, 이런 것들을 내가 어떻게 정의감에 불타서 이것을 큰 사회를 만들어보리라' 하더니, 역사 선생이 걔가 꿈이었거든요. 근데 이제 "아이들 데리고 학교에서 도저히 수학여행을 못 갈 것 같다", "아이들, 그 또래 애를 못 볼 것 같다"면서 국제학부 쪽으로, UN 쪽으로 이렇게 생각을 돌리면서 글로벌 의식을 가지더라고요. 그래서 그런 공부를 지금 하고 있어요. 근데 내가 보기에는 차라리 역사 강사 하고 사는 게 속 편하게 살겠다는 생각을 하는데(웃음). 어, 어쨌거나 뭐, 어떤 방향으로든 지가 지 삶을 선택해서 가고 있으니까.

면담자　　　　앞으로 남은 삶에서 추구하고 싶은 목표는 무엇일까요?

재욱 엄마　　　　살다 보면 나오겠죠. 근데 지금은 딱히 목표를 안 정하려고요. 정한다고 해서 될 게 아니고 그때그때 상황이 생길 것 같아요. 그래서 어떨 때는, 나중에 나이가 60, 한 10년, 20년 후에 60 정도 되면 내가, 다들 그러잖아요, '저기 고향 앞으로 가서 나의 노후를 글을 쓰면서 보낸다든지 아니면 편안하게 보내야지', 다들 그게 로망이잖아요. 얼마나 아프겠습니까. 그렇지만 '그때쯤 되면 어느 정도 나 스스로도 정리가 될, 감정 정리도 되고. 나이도 먹었으니까 세상의 풍파도 그렇게 되겠지'라는 생각은 하는데, 별로 그렇게 아름다운 모습은 아닐 거라 생각이 들어요(웃음). 그래서 '지금 내가 할 수 있는 일에 집중을 하면 나중에 내가 뭐라도 되어 있지 않을까', 이런 생각을 하면서 처음에는 '아유, 내가 사회운동가가 되어 있지 않을까?' 그런 생각도 했고, '하다못해 다 버리고 그러면 시골 가서 그냥 이렇게, 노년을 그냥 나한테만 오롯이 노년을 보낼 수 있지 않을까' [하고 생각도 했어요]. 근데 그 미래는 누구도 알 수 없는 거잖아요. '지금 그냥 할 수 있는 거 열심히 할 수밖엔 없겠구나'. '뭐가 되고 싶다' 해서 지금 돌아보면 된 거 아무것도 없잖아요. 그래서 굳이 '뭘 하겠다'라는 게 아니고 지금 이 순간 그냥 내가 최선[을] 다해서 잊어버릴 수 있고, 예를 들어 '할 수 있는 걸 하자' 그렇게 목표를 지금 정하고 가고 있어요, 사실.

면담자   그동안 국가에 요구했던 진상 규명이라든지 선체 인양 같은 목표들이 달성이 된다면 그다음에는 어떻게 하실 건지, 어떤 일을 하고 싶으신지요?

재욱 엄마   끝나고 나면 전 교육하고 싶어요, 인성 교육. 미래의 아이들을 위한 후학 교육 있죠, 했음 좋겠어요. 아니면은 또 있어요. 엄마들, 엄마들을 위한 활동들을, 교육 활동들을 좀 [하고 싶어요].

면담자   학부모를 대상으로요?

재욱 엄마   학부모. 엄마들을 위한 교육 활동들을 좀, 아니면 또 모르죠, 내 나이 또래, 저기 노인정 가서 같은 또래 노인들 모아놓고 그럴 수도 있겠죠(웃음). 저는 교육하고 싶어요. 제가 본래 하고자 했던 게 그거니까.

면담자   4·16 참사 전에 하셨다는 교육은 안 하시고 계신 거죠?

재욱 엄마   응, 지금은 못 해요.

면담자   이게 좀 마무리되면은 거기로 이제 다시 가실건가요?

재욱 엄마   결국에는 그게 인성 교육이니깐요, 나이에 걸맞은 인성 교육을 하는 거를. 지금처럼 "나를 따르라!" 하는 투쟁은 힘들 것 같구요, 에너지도 달리고. 그건 이제 후배들한테 물려주고(웃음), 4·16, 제가 4·16 그 유가족이잖아요, 엄마잖아요. 그러니까 그런 엄마의 모습이 있을 거 같아요. 그래서 진상 규명 활동 중에 그 뭐지? 사회운동에 대한 우리가 만들어내야 되는 안전, 그 뭐라 그러죠? 피해 참사의 피해자들을 지원할 수 있는 그런 지원에 대한 그, 저희가 데이터가 우리 가족들을 중심으로 구축을 해놓는 게 제일 중요하다고 저는 생각을 하거든요. 그러니까 이제 온마음센터에서 그런 역할도 같이 하고 있을 거고…. 피해자 지원에 대한, 우리나라에서 그게 없어요, 그 아웃라인이.

면담자   예, 처음이라고 하네요.

재욱 엄마   국가가 만든 그 뭐라 그러지, 프로그램도 아니고, 그거 뭐예요? (면담자 : 매뉴얼) 아, 매뉴얼이 없어요. 그걸 한번 만들어보는 게, 저는 그것도 큰 교육이라고 생각하거든요. 그걸 만들어보고 싶어요. 목표를 따지자면 그게 나오네요.

면담자   예, 알겠습니다. 어머니께서 해외 활동도 하셨으니까, 이런 일들이 다른 국가에도 있지 않습니까? 그런 분들하고 같이 연락하고 연대하고, 그런 계획은 혹시 가지고 있지 않으신지요?

재욱 엄마   그 나라, 나라마다 보니까 사람들이 시급해요. 거기도 가니까 노동자 단체가 있고 막 그런 분들 모임에 저희가 이제 초대도 돼서 가기도 하고 했는데요. 그들은 그들 나름대로 그 역할들을 그 나라에서 충분히 하고 있더라고요.

그러면 그런 사례들, 그다음에 이제 유경근 집행위원장이 독일 저쪽, 유럽 쪽 가가지고 프랑스 펜박[FENVAC]이라는 그런 단체랑 교류를 했는데, 그 단체는 뭐냐면 유가족이 만든 단첸데, 이걸 국가에서,

쉽게 말하면 하청을 준 거예요. 국가, 수사권, 기소권을 갖추고 있는 국가 권력을 이 유가족 단체에다가 이렇게 위임을 한 거예요. 그래서 지금 프랑스 얼마 전에 총기 사건 있었잖아요, 해안가에서. 그런 것들을 총책임을 지고 하는 그런 단체가 펜박이라는 단체예요. 그래서 그런 사건, 사고가 있을 때 하는 그런 매뉴얼들이 쫙 있죠. 그다음에 이제, 그래서 저희가 그 포럼을 올해 하려고 했는데 프랑스에 그 사건 나는 바람에 안 되고, 우리가 진상 규명이 이렇게 되고 있는 바람에 지금 소강상태인데 나중에 그런 쪽하고 반드시 연결을 할 거고요. 어, 해야죠, 알고 있는 상황에선. 그게 전 세계적으로 그런 사례가 없대요. 국가에서는 그걸 파악조차 안 하고 있었는데 저희가 발견을 한 거죠, 이번에 그 유럽을 갔다가.

그리고 미국 갔을 때 그 9·11, 그 저기 뭐야 센터가 있어요. 서부 쪽하고 이렇게, 캘리포니아가 잘돼 있어요. 산불이 많이 나고 사건, 사고가 많고 하기 때문에 굉장히 체계적으로 잘되어 있는 전체적인 그런 시스템이 있어요. 거기를 방문을 하면서도, 대장을 만났을 때, 그분은 30년, 40년, 50년 그런 역사를 가지고 있고, 그런 매뉴얼이 너무 잘돼 있는 거예요. 그들도 그런, 9·11 이후에 그런 매뉴얼들이 정착이 됐다 하더라고요. 그 전에는 막 이렇게, 우후죽순으로 막 이렇게 하고 있다가 그게 정리가 된 게 9·11 이후라고 하더라고요. 그래서 이제 그들의 얘기를 들어보니까, 세월호 사건이 났어, 배가 뒤집어졌어, 근데 이것이 어떠한 크기의 사건인지는 규모, 그걸 보면 딱 정해져 있대요. 그래서 이 사건이 났을 때는 이런 매뉴얼로 가고, 이 정도의 큰 사건일 때는 어디에서 관장을 하고 이런 게 정해져 있는데, 사고가 났어, 그러면 구조를 하면 돼, 어느 단위에서 구조를 해야 돼, 이런 게 명확한 매뉴얼로 나와 있는 게 너무나 부러웠던 거죠.

그러면서 "세월호 사건 이렇다. 한 명도 구조하지 않았고, 구조가 안 됐다" 하니까 이해를 못 하는 거예요, 그분들이. 우리는 계속 [그렇게] 이야기를 하고 그분은 "이해 못 하겠다"라고 이렇게 이제 이야기를 하면서, '정말 우리나라 시스템 잘못됐다', 그때는 시스템이 잘못됐다는 생각은 못 했거든요, 저희가. 사고를 일부러 냈다는 생각도 안 했고, 사실은. 사고가 났다, 구조가 안 됐다, 이런 식이었는데, 이 정경 유착과 그다음에 해경의 무능과 정부의 초기 대응 부족 막 이런 것들이, 돌아가는 구조 시스템이 전혀 안 되어 있는 상황에서 벌어졌다라는 게, 다 살릴 수 있었는데 한 명도 살리지 못했다, 이런 게 시스템의 문제라는 것을 저희가 배워서 알게 된 거죠, 그동안. 그래서 이 시스템을 만들어가는 게 저희들의 역할인 것 같고, 또 이것은 참사의 피해자들, 당사자들이 해야 하는 일인 거예요. 여지껏 그걸 못 했잖아요, 우리나라 모든 사건, 사건들이 그렇게 많았는데도. 그건 그냥 사건, 사건으로 덮어버리고, 아무것도 구조 매뉴얼도 없었고 피해 지원 매뉴얼도 없었고, 그것을 만들어가야 하는 게 저희들의 역할인 거죠. 저는 이렇게 아무것도 없다는 게 너무나 납득이 안 되는 사람들 중 하나예요. 정말 납득이 안 돼. 국민들이, 지금 만약에 사고가 나잖아요? 똑같은 상황에서 바뀐 게, 3년이 지났는데도 바뀐 게 하나도 없어요. 그래서 이것을 만들어내는 역할들, 우리가 해야 된다는 그런 사명감 같은 게 있어요. '꼭 하면서 죽지 않겠나' 하는 생각이 드네요.

면담자   알겠습니다. 그리고 기억저장소 작업 중에 하나인 구술

재욱 엄마 홍영미

작업을 하는 이유가 이런 걸 통해 역사 증언으로 모아보자는 그런 목적이었는데, 제가 이 작업을 하면서 '아주 중요한 자료구나' 하는 생각이 듭니다. 그래서 이런 게 모여서 진상 규명이라든지 앞으로 어머님 말씀하시는 대로 어떤 식으로든 매뉴얼 같은 거 만들고, 좀 크게는 어떤 방향으로 사람들이 변해가고 국가가 바뀌어가야 될지에 대해서 생각을 해볼 수 있는 소재들을 많이 던져준다고 생각이 되더라고요. 세 번이나 인터뷰, 구술하시느라 고생하셨는데 그래도 아주 중요한 거라는 걸 어머님이 이미 아시는 거 같더라고요. 잘해주셔서 감사합니다.

재욱 엄마　도움이 요만큼이라도 될 수 있으면…. 한 10년 후에요, 바라는 게 10년 후에는 제가, 제가 지금 말한 것들이 이루어졌다고 기쁘게 이야기하면서 구술을 하는 그런 기회가 되면 참 좋겠고…. 꼭 하고 싶은 얘기는 뭐냐면 지금 우리가, 세월호 유가족들이 싸우고 있는 이유는 뭐냐면, 그냥 책임지는 어른이 되고 싶어서 그래요. 여지껏 도망 다니는 삶을 살았다면 이거, 이 일은요, 내가 주인이 되어서 이렇게 책임지고 하지 않으면 아무도 하지 않는다는 사실을 저희가 깨달았기 때문에 하는 거거든요. 그래서 책임 있는 어른으로서 살고 싶어서, 그래야 나중에 아이들 만났을 때 "잘 살고 왔다"란 이야기를 할 수 있을 것 같아요. 이 아이들은 이미 다시 태어나서 응애응애 하고 새로운 세상에 태어났을 것 같아요. 그 아이들이 지금 내가 만들어놓은 세상에서 살 수 있게 하고 싶다는 거죠.

면담자　예, 고맙습니다.

재욱 엄마　감사합니다(웃음).

4·16구술증언록 단원고 2학년 8반 제2권

그날을 말하다 재욱 엄마 홍영미

ⓒ 4·16기억저장소, 2020

기획 편집 4·16기억저장소 ▏ **지원 협조** (사)4·16세월호참사가족협의회
펴낸이 김종수 ▏ **펴낸곳** 한울엠플러스(주)
초판 1쇄 인쇄 2020년 4월 1일 ▏ **초판 1쇄 발행** 2020년 4월 16일
주소 10881 경기도 파주시 광인사길 153 한울시소빌딩 3층
전화 031-955-0655 ▏ **팩스** 031-955-0656 ▏ **홈페이지** www.hanulmplus.kr
등록번호 제406-2015-000143호

Printed in Korea.
ISBN 978-89-460-6772-1 04300
　　　 978-89-460-6801-8 (세트)
* 책값은 겉표지에 표시되어 있습니다.